民俗山西

杨茂林 主编

总论

董永刚 冯素梅 著

创于1897
商务印书馆
The Commercial Press

序

《左传·僖公二十八年》:“子犯曰:‘战也。战而捷，必得诸侯。若其不捷，表里山河，必无害也。’”

杜预　注:“晋国外河而内山。”

瞧这一片南北狭长的地带，地势由东北斜向西南逐渐下沉，里里外外分布着高山大河，几乎把山西全境给围了起来，造就了山西典型的黄土高原景致：一望无际覆盖的黄土，一览无余广布的山脉，几乎是山峦叠嶂、岭谷纵横，丘陵起伏、沟壑遍野，不乏险峻幽深，不缺粗犷雄秀，山色不同、神态各异，干旱少雨、四季分明。数千年来，我们的祖先一辈一辈生活在这里，自给自足，繁衍生息，同这块属于温带大陆性季风气候的土地相存相生相斗相融，把这里耕耘成了北方地区较为适合人类居住的地方。我一直认为，这个区域就是大自然的能量和人类的力量结合得最完美和最充分的地方之一。

一

东是巍峨雄伟的太行山脉，诸多名山从东北倾西南构成系

列山地，恒山、句注山、五台山、系舟山、太行山、太岳山、王屋山、中条山呈“多”字形延展，雄浑壮阔、不同凡响，不仅是黄土高原的东界，而且是中国地形第二阶梯的东缘。这里地势险要，山高林密，河川交织，干旱少雨，山间存在着不少沉降盆地。上党盆地周边群山环绕，清漳河、浊漳河汇流此地，平畴绿野，嘉禾郁郁，涓涓细水，成河飞流，泽州盆地周围皆山，中部平坦，丹河、沁河流穿其间，森林茂密，水源富集，岩洞奇绝，瀑布垂练，都是一派自然天成、引人入胜的景色。其南端主要是中条山脉，其中历山北倚汾渭地堑，南临黄河谷地，山势陡峭、山丘众多，气候温暖、雨量充沛；中条山兀立于运城盆地和黄河谷地间，陡峰深谷、层峦叠翠，丛林荫蔽、草甸丰美，适宜人类繁衍生息。太行山脉是我们祖先最早出现的地区之一，早在180万年前，远古人类就开始在这里活动，历经旧石器和新石器时代，留下了人类起源和社会演进的诸多轨迹，如曾经在北部山麓地带狩猎为生的许家窑人，在中部东麓过着原始定居生活的磁山人，在南边过着刀耕火种采集狩猎群居生活的下川人，还有离我们更近的、已经步入青铜时代的东下冯人。是这片古老广袤厚实的土地，以及生活在其上的粗犷淳朴勤劳的先人，一起创造共享传承了丰富多彩、恢弘大气的中华文明的历史篇章。

西是覆盖深厚黄土的吕梁山脉，自东北向西南横亘着七峰山、洪涛山、管涔山、芦芽山、云中山、黑茶山、关帝山、紫荆山、龙门山等断块山地，宛如一条脊梁，中间隆起两边低延。从西坡看，吕梁山地向黄河谷地延伸，整体上东高西低，黄土广泛覆盖，受季风影响，气候干旱温暖，丘陵众多，墚峁成群，沟壑纵横，间有台垣盆地，地形支离破碎；从东坡看，黄土断续分布，山多坡广川少，气候湿润寒冷，有土石山区、黄土丘陵、沿川河谷，有高山峻岭、高山草甸、高山天池，也有寒温带针叶林、温带针阔叶混交林、暖温带阔叶林。吕梁山脉也是我们祖先较早活动的区域，从旧石器时代起就有人类生存，吉县柿子滩遗址有中国历史上最早的“火塘”遗迹，到新石器时代，人类活动更加频繁，成为沟通中原和西部地区交往的重要纽带。吕梁山是个很奇特的地方，自然条件恶劣、生存环境艰苦，但数千年来，我们的祖先与天斗、与地斗，开创了适合自身的生产生活方式，成就了代代相传、生生不息的人类传奇。

两山之间则是一连串狭长的台阶式下降的断陷盆地，由东北向西南依次延伸，大致连成一条飘动的走廊，土地平坦，聚水避风，流淌着多条非常重要的河流，省域内数百处石器时代人类文化遗址几乎全部分布在这些河流两岸的台地与山前丘陵地带上。大同盆地在省域北部，是北方之门户，边缘山地丘陵，留有多座火山，桑干河从中流过，两岸地势平坦宽广。至少约 2.8 万年前，在旧石器时代晚期，峙峪人就在这里繁衍生息。下来就是省境中部偏北的忻州盆地，有高山环绕，还有洪积平原发育的滹沱河上游谷地和地势平坦的忻定盆地。旧石器时代中期这里就出现了人类劳动，新石器时代更是广泛聚居着属于仰韶文化和龙山文化类型遗存的原始部落。太原盆地在省域中部，东西与山地相接，盆地由北东向南西延展，汾河中游穿过，土地宽阔肥沃。盆地边缘环绕着黄土台地和黄土丘陵，在仰韶时期就有人类活动，到了龙山时期，先人则出现在平原周边稍高的地方。往南过霍山口是临汾盆地，至侯马折向西，东西以大断层与山地相接，汾河下游穿经流入黄河，土壤肥沃，气候温暖。晚更新世早期的“丁村人”就在这里生活繁衍，过着采集狩猎的集体生活。作为山西新石器时代早期的枣园稼穑，就折射出先民早期的农业活动情况。陶寺文化更是标志了文明社会的到来，农耕成为养育先民的基本的生产生活方式。最后是运城盆地，省域西南部一个强烈的沉降盆地，盆地内多河湖堆积，涑水河由东北向西南流入黄河，四季分明、无霜期长。这里留存有很多旧石器时代至龙山文化晚期遗迹，是寻找夏文化源头的重要区域。

世界上很少有自然环境如此艰苦，人类的生命力又如此顽强生长、旺盛充沛的地方。我深切感到，这片土地非常慷慨，对一切已经发生、正在发生以及将要发生的都悉心收纳，从不推诿放弃，不会让任何劳动没了收获，至迟从180万年前开始，就以兼爱无私的博大胸怀，无怨无悔、不离不弃地养育了一代一代命运多舛、抗争不息、勤劳不怠、淳朴诚实的先民，留下了女娲造人、精卫填海、后羿射日、愚公移山等感人故事；而先民对自身价值的发现，对文明社会的探索，都来自身下这片土地，他们不断窥探自然的奥秘，挖掘生活的价值，调节社会的关系，忍耐痛苦的折磨，享受人生的快乐。凡此种种，经年累月，就在山西这样一个相对封闭的区域内，长出了富有特色的民俗文化，流出了含蓄而奔放、凄美而热烈的山西故事。我经常想，只有深刻了解了这片土地及其上的所生所长，人们才能进一步认识到，这个世界上多灾多难的古老民族，为何能一路走来、生生不息！

的确，自先民最早踏上这块土地，便在这里开拓自己、和纳他人。由于地理位置和特殊条件，农耕民族和游牧民族在这里持续对峙碰撞，不断有新民族迁入、有汉民族迁出，经常是大出大进，所以多民族在此杂居生活、交融文化，加之区域内各地环境差异较大，地理、水文、气候、物产、语言等多有不

同，使得生产生活、居民性格、社会交往等各具特色，因此，这里的民俗文化自然也是多元生长、丰富多彩，形式有异、特点纷呈。事实上，山西民俗有中国北方汉民族的文化共性，也蕴含独特的地域风情，这是自然因素的影响，也是民族融合的特殊文化气质的渗透。从胡服骑射到文明新装、从穴居野处到晋商大院、从羊皮筏子到黄河大桥，都呈现出物质精神生活的演进以及生产生活方式的变化，透露了山西民俗所涉及的民族生活和繁衍的信息，以及带来的关于民族生存和发展的启示，使人更加深刻地感受了传统文化视野下山西区域的人与人、人与自然、人与社会的关系。特别是，虽然这里生存条件不是很好，有些地方还很恶劣，人们活得比较艰苦，但是他们始终追求美好的强烈愿望、敢为人先的奋斗精神、诚信守义的生活态度，确实都通过民俗文化及其背后故事生动地跃然纸上，令我们感慨不已。作为后人，我们要有敬畏，应该倍加珍惜！

二

山西民俗涉及人们的衣食住行以及信仰、禁忌等方方面面的内容，有显著的活态特点和十分广泛的群众基础。从理论上看，“民”一般指民间或百姓，“俗”则多指其生活习惯或方式所涉及生活的文化。葛剑雄先生认为，“俗”比较稳定，存在时间较长，影响范围较大，这样“俗”被越来越多的人接受，逐渐成了群体生活的重要部分。而钟敬文先生则认为，民俗既是一种历史文化传统，也是人民现实生活中的一个重要组成部分。我个人以为，“民俗”形成的本身就是一个动态过程，然而一经历史沉淀就会成为传统，在得到群体认同的过程中，也会在观念、信仰、准则、习惯、制度等方面得到反映。因此说，民俗具有深刻的文化意义，是传统文化的重要内容，是不同地区人们生活智慧文化的外在体现。在挖掘整理和深入研究中，我始终有个深刻感受，那就是山西民俗是一种活化的历史文化资源，是传统文化的基础或底蕴，会与不断变化的现实环境相结合衍生出新的形式和内容。而在历史和文明演进中，山西民俗作为传统文化，在民间已经外化为制度和规约，内化为观念和认知，不仅在过去，而且在当下，在百姓日常生活乃至国家社会治理方面都起着重要作用。

事实上，民俗虽然说的是百姓的事情，但是具有非常强烈的主体意识，与民族的生命活力及其延续本身密切相关，很容易实现身份认同，享有共同的生命观。从民俗元素中抽象出的传统文化，都具有原始环境的本真韵味，是原初的思想和根底的行为，凝聚了最基本的人类思想和情感要素。从山西民俗中，可以发现不同时代的人的思想和行为特质，可以从人们思

想情感、生产生活中探寻那些流淌着的文化乡愁，那种与泥土青草、村落民居、山川河流同构的浓郁传统生活，通过人与人、人与物、人与天地之间的联系，来透视生长其中的信仰、情感、希望、乐观等。山西民俗反映了人类的生命力，以及人类在生生不息中摆脱不了的宿命。正如楼宇烈先生所认为的那样，生命是一代一代相延续的，父母子女、兄弟姐妹之间有血脉联系，彼此之间都是有责任、义务的。因此，从薪火相传意义上说，山西民俗在本质上就是一种代代延续、辈辈传承的责任或者义务。张岱年先生认为，中国传统文化有两个基本精神，一是“以人为本”，强调人的价值，表现人的自我认识和道德自觉心；一是“以和为贵”，强调人人和谐共进，表现人们的求同存异和多样性统一。山西民俗是特别讲求这些基本精神并以此为底色或本质的。

我国历史源远流长，多民族统一大国是两千年来的基本国情。任继愈先生认为，这个国情综合地显示着中华民族的思想文化、生活准则、宗教信仰、伦理规范、风俗习惯和政治制度。在他看来，观察中国历史、研究中国问题，都不能不以这个国情为出发点，又落脚到这个出发点。显然，任先生这段话主要是从形而上角度来思考的，但对我们深刻认识山西民俗文化有启示意义，因为多民族统一大国的两千多年的基本国情，同样是由悠久流长、多姿多彩的、与百姓生产生活如影随形的民俗文化显示的。换句话说，就是山西民俗文化能从多个角度、在多个层面反映着这一基本国情的思想、准则、信仰、伦理、习惯、制度的主要内容。所以，按照历史唯物主义的观点立场方法，对山西民俗进行文化意义上的梳理分析，更好展示其源流、概括其特点、阐释其价值、揭示其发展规律，对于进一步讲好中华文明、体现中华文明智慧力量，具有重要意义。

山西民俗需要守护和创新。楼宇烈先生说，传统就是我们的原创。这话很有道理。山西民俗作为这样一种原创性的重要传统文化，不能片面理解或者武断排斥，而要全方位记录好保存好，更要主动传承好弘扬好。在当下数据时代、智能社会背景下，在城市化迅猛发展进程中，山西民俗也要创新，以求更好生存发展，融入现代社会并发挥积极作用。因为，每种民俗都镌刻着传统文化内涵，流淌着民族精神价值，都会随着时代变迁而精进发展。今天，百年未有大变局与科技变革大趋势，为这种发展规定了方向和提供了条件。荀子有句话说得好，“循其旧法，择其善者而明用之”，意思是用其善并发扬光大，是发展的核心要义。我以为，其中最大的善，就是在发展中不断彰显人类的生命价值、拓宽人们的精神世界。对民俗文化研究而言，就是围绕生命本身及其延续意义，着力构建起更为广泛的血脉联系和责任义务，并通过不断创造来维护血脉联系和履行责任义务。

山西民俗作为传统文化的重要组成部分留存至今，一定有它长期留存的原因，那些传统社会反复出现的生产生活方式，持续作用的约定俗成、长期持有的信仰禁忌，都与我们能走到今天有直接关系。五年前，当我们以山西文明历史角度，开始研究和撰写《民俗山西》时就讨论过，通过编撰这套文化读物想告诉读者什么、用什么方式告诉、期待产生什么效果的问题。自那以后，这些问题一直伴随着相关的挖掘整理、分析研究、撰写修改的全过程。现在本书即将付梓出版，我们对问题的答案更加清楚了，那就是以人为本、以文化人，不忘本来、面向未来，尽量做到系统全面、图文并茂，着力融合历史性和学术性，力求兼顾现实性和可读性，在此基础上，把一幅幅鲜活生动的民俗画卷奉献给读者，把一个个富有智慧的生产生活启示展现给世人，这应该就是我们研究历史的学者要担起的使命责任吧！

是为序。

杨茂林

2022 年 3 月　太原

目　录

概 述

“民俗”一词在中国古代典籍中很早就已出现。如《礼记·缁衣》“故君民者，章好以示民俗”，《汉书·董仲舒传》“变民风，化民俗”，等等。此外，“风俗”“民风”“习俗”等也是与“民俗”意义相近的词。“民俗”作为一门专门学科术语，是英文“folklore”的意译。这个词是英国的威廉·汤姆斯在1846年首次提出，后来逐渐为世界其他国家的学者们所接受，成为国际上通用的学科名词。从名称上看，民俗包括民间（folk）和风俗（lore）两部分。广义的民俗，是指一个国家或民族中广大民众所创造、享用和传承的生活文化。它既包括农村民俗，也包括城镇和都市民俗；既包括古代传统民俗，也包括新时代产生的民俗现象；既包括口头传承的民间文学，也包括以物质形式、行为和心理等方式传承的物质、精神及社会组织等民俗。

民俗起源于人类社会群体生活的需要，在特定的民族、时代和地域中不断产生、发展，经过传承、扩布和演变，最终形成特定的模式，为民众的日常生活服务。不同地域、不同民

族、不同国家的民俗，既有共性又有个性，但一般具有集体性、传承性、扩布性、相对稳定性、变异性以及类型性、规范性和服务性等特点。其对社会的影响主要表现在它的四种社会功能上，即教化功能、规范功能、维系功能、调节功能。人是文明的创造者，是文化的产物，民俗作为一种文化现象，一旦形成，就成为规范人们行为、语言和心理的一种基本力量，同时也是民众学习、积累和传承人类文明创造成果的一种重要方式。民俗像一只看不见的手，无形中支配着人们的所作所为，从衣食住行到婚丧嫁娶，从物质生产、社会交往到精神信仰，民俗都具有潜移默化的影响力量，而且对民众的文化心理有着极强的维系作用。

中国民俗具有悠久的历史，与中国民众和中华民族的产生和发展相伴而行，并且在中国独特的自然与文化环境中积淀。展开中华民族五千年文明创造史的历史画卷，可以看到，民族光辉璀璨的文化，人民勤劳勇敢的本质、向善乐美的追求、趋吉避凶的心理都融入到民俗活动和民俗文化中。各族人民在交

往过程中，通过丰富多彩的民俗活动和民俗文化的创造、传承、交流，促进了中华民族文明脉络的强健、定型和中华民族共同体的形成。

山西像一片写满文明密码的树叶，历史表明，山西区域文明是支持、显示和解释中华文明起源与发展过程的重要力量，也是中华文明绵延性、包容性、多样性相统一的缩影。因此，山西区域历史文化展现了中华民族历史文化的不朽价值，折射出了人类生存发展状况的历史过程，成为中华文明多源头中不可或缺的重要的“源”。中华文明是多源头、多元性的，其总体发展依靠诸多区域文明做基础和支柱；站在历史的高度看，山西区域文明是支撑、彰显和诠释中华文明起源与发展的重要因素和力量，是中华文明的“发端”。山西地区是华夏文明起源的中心区域，山西区域文明是中华文明的“直根”。

山西区域文明以山西地理区域为基础，以山西历史文化为主线，以数量众多、丰富多彩的物质文化遗存与非物质文化遗产为基本载体，绵延数千年，生生不息。

丰富多彩的山西民俗，在山西独特的地理环境、自然气候、历史变迁、文化演进等诸多因素互相作用、彼此适应的过程中产生、传承和扩布。

山西民俗文化根基

山西丰富多彩的民俗文化植根于独特的自然地理风貌和多元融合的历史文化沃土。

黄土高原上的表里山河

外河内山的天然平行四边形

山西省地处我国华北平原西面的黄土高原上，位于黄河中游东岸，是内陆省份。省境四周山环水绕，与邻省（自治区）的自然境界分明，东有巍巍太行山，与河北比邻；西、南以滔滔黄河为堑，与陕西、河南相望；北抵绵绵长城脚下，与内蒙古自治区毗连，外河而内山，大山、大河宛若省境的天然屏障，故有“表里山河”的美称。

山西全境总面积为 15.67 万平方千米，占全国总面积的 1.6%。疆域轮廓呈东北斜向西南的平行四边形，南北间距较长，纵长约 682 千米，东西间距较短，宽约 385 千米。

从地图上看，山西是典型的被黄土广泛覆盖的山地高原，地势东北高西南低。境内大部分地区海拔在 1000 米～2000 米，最高点为五台山主峰叶斗峰，海拔 3061.1 米，为华北最高峰，有“华北屋脊”之称；最低点在垣曲县境内西阳河入黄河处，海拔仅 180 米。高原内部起伏不平，河谷纵横，地貌类型复杂

山西黄河老牛湾全景

多样，有山地、丘陵、盆地、平原，其中山地、丘陵面积占全省总面积的 80% 以上，主要山脉为太行山、吕梁山、恒山、五台山、中条山、太岳山等。除此之外，山西自北向南分布着一系列阶梯状盆地，即大同、忻州、太原、临汾、运城、长治盆地。

在气候类型上，山西受温带大陆性季风气候所左右，山西地处大陆东岸中纬度的内陆，东距海岸虽只有 300 千米～ 500 千米，但由于省境东部山岭阻挡，气候受海洋影响较弱，气候特征是：冬季漫长，寒冷干燥；夏季南长北短，雨水集中；春季气候多变，风沙较多；秋季短暂，天气温和。全境日照充足，热量资源较丰富；昼夜温差较大。

山西境内共有大小河流 1000 余条，主要特点是以季节性河流为主，水量变化的季节性差异大。山西河流源于东西高原山地，向西向南流的属黄河水系，向东流的属海河水系。全省流域面积大于 100000 平方千米的较大河流有 5 条，介于 10000 平方千米～ 1000 平方千米的中等河流有 48 条，介于 1000 平方千米～ 100 平方千米的河流有 397 条；属于黄河水系的有汾河、沁河、涑水河、三川河、昕水河等，流域面积占

全省总面积的 62.2%；属于海河水系的有桑干河、滹沱河、漳河等，流域面积占全省总面积的 37.8%。黄河沿山西境界流程 968 千米，汾河是山西境内第一大河，流经太原、临汾两个盆地注入黄河，干流全长 694 千米。

山西省省会是太原市，下辖 11 个设区市，分别为太原、大同、朔州、阳泉、长治、晋城、忻州、吕梁、晋中、临汾、运城，117 个县级行政单位（26 个市辖区、11 个县级市、80 个县），总人口 3491.56 万（截至 2020 年底）。

这样独特的自然地理环境，对山西这片土地上的人们的生产、生活造成了深刻的影响。

农耕文化与畜牧文化的交接带

山西地处中原和蒙古高原的接合地带，辖区地理坐标为北纬 34°34′～40°44′，东经 110°14′～114°33′，划分农业生产方式和牧业生产方式的农牧分界线正好从省境由东北向西南斜穿而过，由于特殊的地理位置，山西始终处在中部农耕生产方式和北部游牧生产方式交互影响的地带，因此历来是中原农耕民族与北方草原游牧民族，农耕文化与草原文化相互碰撞、相互融合的大熔炉。

山西地区既是中国农业文明发展的重要区域，也是中原农耕文明与北方草原文明交汇连接的天然通道和重要场所。在中国几千年的历史上，山西成为北方少数民族南下中原的必经之地，农耕文化与游牧文化的交错、冲突和交流，演绎出了中华民族融合与认同的壮丽诗篇。游牧文明不仅在经济上与农耕文明有较强的互补性，而且其流动特征也深刻地影响了农耕文明，使山西这一地区成为汉民族和少数民族发生关系的重要场所。

写满文明密码的树叶

完整的历史文化链条

山西因居太行山以西，所以取名山西，又因位于黄河中游以东，古称“河东”。春秋时期，大部分地方属晋国的领

陶寺观象台复原图

地，因而简称“晋”，战国时期，韩、赵、魏三家分晋，亦称“三晋”。

山西的历史悠久，脉络清晰。古往今来，山西在中国历史上多半居于重要地位，在中国历史的每一步发展变化过程中都起着关键的作用。

史前到秦汉是山西文明的初创、成熟和扩散时期。山西作为中华民族、中华文明的重要发源地之一，也是世界上较早进入人类文明社会的地区之一。从远古时期开始，中华民族的先民们就生活在山西这方土地上，在国内已发现的七八十个旧石器时代遗址中，山西占了二十几个。从南边芮城县的匼河

洪洞三月三接姑姑

遗址、襄汾县的丁村遗址，一直到北边朔县的峙峪遗址、阳高县的许家窑遗址，都是有名的旧石器时代文化遗址。到了新石器时代，山西境内的文化遗址就更多了，仰韶文化遗址遍布全省。雁北地区又有一部分新石器时代的遗址，说明在石器时代山西是全国的一个文化中心。从传说中的古史来看，唐尧、虞舜、夏禹时代的首都均在今天的山西南部。尧都平阳就是现在的临汾，舜都蒲坂就是现在的永济县蒲州，禹都安邑在今天的运城市境内。从尧舜一直到夏朝，山西南部都是华北的政治、经济、文化中心。西周初年，周成王将其弟唐叔虞封在山西，旋改国号为晋。到了春秋，晋国就发展成为黄河流域一个最强大的国家。战国初期，韩、赵、魏三家分晋，是谓三晋。三晋都是当时的大国。三晋的首都初期都在山西，赵在晋阳（今太原市晋源），韩在平阳（今临汾），魏在安邑（今运城）。到了中期以后，才先后离开山西移向河北、河南的平原地区。到了秦汉时，山西在政治上就不太突出了，但是晋南地区的经济、文化还是比较发达。

西周晋侯鸟尊（山西省博物院藏）

从魏晋南北朝经隋唐到辽宋金元是山西文明丰富发展的重

要时期，也是高峰时期。由于地理上凭山控水、据高负险的位置，以及政治上与历代首都邻近的原因，山西历来都处于历代王朝的朝廷肩背或肘腋位置，始终占据重要战略地位。中国历史上每一个朝代都以山西作为其必须经营的战略要地，是历代统治阶级、统治集团激烈角逐的军事政治舞台。魏晋南北朝时期，北方草原游牧民族大量南迁到长城以内，山西成为各民族南下中原的跳板。从 4 世纪初刘渊起兵到 6 世纪后期北周灭北齐，山西在北中国的地位一直很重要，平阳、平城、晋阳，先后更迭成为重要的政治军事中心。隋代的并州（治晋阳），是黄河流域仅次于长安、洛阳的第三政治军事中心。唐代时，山西是李唐王朝的龙兴之地，唐太宗李世民称山西“王业所基，国之根本”。五代的五个朝代中，有三个朝代都是以太原府为根据地的沙陀人建立的。五代初的晋国和五代末的北汉，也都在山西建

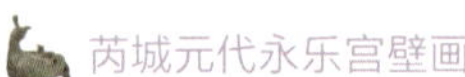
芮城元代永乐宫壁画

国。金元时代，山西的经济文化比邻近的地区发达，平阳曾经是金的印刷中心（也就是文化中心）。金朝一代的文人、学者，山西人占的比重很大。元代山西的商税在华北地区仅次于首都所在的大都路，可见元代山西的经济在华北地区中比较发达。金元时期山西的戏剧事业非常繁荣，山西现存古戏台的数量在全国名列前茅。

明清时期是山西文明出现显著不同的发展时期。明初山西人口在全国是稠密地区，历史上著名的明初大移民，山西是主要的集中地和人口迁出地区。明清两朝山西农业在全国不突出，但是商业发展异军突起。特别是清朝时，随着王朝版图的

恰克图市场过秤打包晋商茶货的俄罗斯商人

逐步扩大，山西商人的经商范围也扩大到了东北三省和蒙古等边远地区，甚至远达俄罗斯的莫斯科。到清代后期，山西商人的票号基本上控制了全国金融，所设分号远至朝鲜、日本、俄国。晋商号称“纵横欧亚九千里，称雄商界五百年”。

近代以来到民主革命时期是山西社会变革激烈的重要时期。近代西方文明渗入山西，保晋矿务公司、双福火柴厂等近代工业在山西萌生，山西大学堂是中国最早的现代化大学之一。抗日战争时期，山西是中国共产党领导的敌后抗日战争的主战场，八路军三大主力部队在山西建立了抗日根据地，留下了独具特色的红色文化。

由上可知，无论是大一统时期的拱卫京藩，还是分裂割据时期的主战场，山西在中国历史上都发挥了重要的作用。中央王权强盛统一之时，凭借山西，外可拒侵，内可治乱；中央王权削弱崩溃之时，谁拥有山西，谁就纵横四方，称雄天下。故历史地理学家顾祖禹称“天下之形势，必有取于山西”。

民族融合的舞台

尽管山西是汉文化的发祥地之一，然而，历史上却地处中原王朝的北部边陲，历来是汉民族与北方少数民族交往频繁的地方，是中国古代多民族文化的熔炉。

山西作为中原农耕民族和北方游牧民族交往的天然通道

以及北方各少数民族南下中原的重要口岸，自古就是捍卫中原的屏障和多民族往来的前沿，胡（泛指北方诸少数民族）汉各族在这里错杂居住，交流碰撞。夏代的獯鬻，商代的鬼方、土方等国，周代的猃狁，春秋战国的“戎狄蛮夷”都在这里留下了历史的足迹；此后，北方少数民族如秦汉时期的匈奴，魏晋南北朝时的匈奴、羯、氐和鲜卑，隋唐以来的突厥和沙陀，宋元明清时期的契丹、女真、蒙古和鞑靼等，都曾数度饮马黄河，占据着山西的中北部地区，有的甚至建立政权，如匈奴族建立的汉国、拓跋鲜卑族建立的北魏、慕容鲜卑建立的西燕、沙陀族李克用建立的后唐、女真族建立的金政权等，为山西区域文明乃至中华民族的形成和中华文明的发展做出了历史性的贡献。事实上，各民族在这里繁衍生息，也赋予了山西丰富多彩、独领风骚的地方特色，形成了多种多样的文化。

山西在中国古代历史上处于中原王朝的边陲，是汉民族与北方游牧民族交往频繁之地，尤其是沿长城一线，更是以农耕为主的汉民族与以游牧为主的北方少数民族交往、杂居、通婚的主要区域，形成了胡汉相融的习俗。众多的少数民族到明清时期已不见踪影，显然是同当地汉人融合在一起了。汉长城一线的著名关隘有偏头关、宁武关、平型关、娘子关、雁门关，以及许多古地名如杀虎口（原名“杀胡口”）、克虎镇（原名“克胡镇”）、新平堡、得胜堡、威远堡、马坊等，都是历史上

大同云冈石窟（局部）

胡汉相融的遗迹。

山西的很多民俗中还保留有北方少数民族的痕迹。山西民俗受北方游牧民族影响最大的是尚武精神。除习兵好射的尚武习俗外，在语言、音乐、婚嫁、穿衣、饮食等方面，也有许多胡汉相融的习俗，至今仍有遗留。穿衣方面，20 世纪 30 年代晋南山区中，有些村庄的中老年妇女穿衣流行左衽，妇女穿衣左衽在西方妇女中是很流行的，非汉人习俗，披发左衽也是古代西域人的习俗。摔跤本为蒙古人之习俗，但在忻州一带摔跤却非常盛行，据传此地摔跤习俗始于南宋。元代以后摔跤赛以一只肥羊作为胜者奖品，显然带有浓厚的游牧民族色彩。林语堂曾描绘北部中国的民族融合，他认为：人种混合最明显的影响也许是表现在现代北方人的语言和体格上。他们的语调有了变化，清辅音也变成了浊辅音，身高增加，并有一种快乐质朴的幽默感。正是这种与外来血统的混合，山西民俗才呈现出丰富多彩的面貌。

山西民俗文化资源概况

山西民俗文化的区域特征

北、中、南、东、西地区差异

山西习惯上分为晋北、晋中、晋南地区，但民俗文化的地域划分，不完全等同于行政区域划分，而是与地理环境、历史沿革、经济生产、方言土语、民间音乐、地方戏曲等有密切关系的民族文化空间。山西民俗文化区可分为五大亚区，即晋南民俗文化亚区、晋中民俗文化亚区、晋北民俗文化亚区、上党（晋东南）民俗文化亚区和晋西民俗文化亚区。

晋南民俗文化亚区包含今临汾、运城两市，晋中民俗文化亚区包含太原市、晋中市、阳泉市、吕梁市薛公岭以东的交城、文水、汾阳、孝义；晋北民俗文化亚区包含大同市、朔州市、忻州市；上党民俗文化亚区包含今长治市、晋城市；晋西民俗文化亚区包含吕梁市薛公岭以西的离石、柳林、中阳、交口、石楼、方山、岚县、兴县、临县等县（区）。

晋北地处山西北部，纬度偏高，气候干燥寒冷，山高风烈，土地贫瘠，自然条件相对较差，生活环境艰苦。历史上晋北与北方强大的游牧民族为邻，与之交往频繁，受其文化影响较深；加之长期的外族入侵，往往处于战争环境，所以突出的习俗是习武风气和尚武精神，其地也因而多英雄豪杰，其民则强悍、勇敢、坚强、好斗、粗犷、豪放、直率、俭朴。

晋北至今不乏尚武习俗。摔跤之乡忻州的田间地头都是小伙子们比赛摔跤的场所；庙会时“唱戏又摔跤，十里八里都来瞧”。这里的摔跤分为嬉笑玩耍之摔和有规定有礼数的村与村、县与县的摔跤比赛。前者称为“瞎跌”，后者称为“挠羊赛”，即众多摔跤手为了争夺一个目标——一只披红挂彩的羊。连胜五人者为“好汉”，连胜六人者为“挠羊汉”，被乡亲们视为英雄，名字传颂乡里，荣耀无比。

晋北人的豪放也体现在其饮食文化和戏曲艺术中。并不富裕的老百姓招待客人却是大碗的酒、大盆的烩菜、大碗的面，排骨切成很大的块，用手抓着大口大口地吃。晋北的戏曲称为北路梆子，其特色是“激昂慷慨不寻常”，具有古代燕、赵地区“慷慨悲歌”的边塞风骨。晋北人民爱唱歌，在群山峻岭、田间地头常可以听到他们高亢豪迈的歌声。

晋北农业生产以杂粮为主，饮食习俗喜吃莜面、土豆。

晋中的民俗以其浓厚的商业气息而著称于世。晋中的平遥、祁县、太谷、汾阳、榆次、太原曾是繁荣的商业中心。在明清长达二三百年的时间里，晋中的票号几乎垄断了中国金融。经商带来的巨大财富导致了生活方式及民俗的某些变化，在一定程度上为质朴纯厚、勤俭呆板的民风加入了一些新的色彩。太谷区，作为中国明清时期的金融中心，由于商业与金融业的繁荣，流入了巨大的财富，使得这个小小的城市风貌产生了巨大的变化。据记载，20 世纪二三十年代，太谷居民的服饰华丽而优雅，人们追逐时尚、竞相斗富。时至今日，我们仍可在太谷、平遥、祁县看到一些古堡式的晋商大院，雄浑古朴。

晋中农业生产以小麦为主，辅以杂粮；饮食以面条为主；居住房屋结实，摆设讲究；中路梆子（晋剧），悠扬华美，委婉动听。

晋南地处韩信岭以南之汾河下游，黄河自北向南又折向东流，形成黄河三角洲，古称“河东之地”。晋南有适宜人类生存和发展农业生产的优越自然环境，相对于晋中、晋北而言，气候温暖，水源充足，土地肥沃，物产丰富。唐尧、虞舜、夏禹都曾在晋南建都，是中华文明发祥地之一，古代民俗文化遗存十分丰富，西侯度人、匼河人、丁村人、陶寺人创造的原始的民俗文化，演变为今日的晋南民俗。

晋南受中国传统文化的影响特别深，生产、生活方式等各方面都明显地具有浓厚的农耕文明色彩，农业生产以小麦为主，饮食习俗以馍（馒头）为主；方言土语多属中原官话；威风锣鼓，粗犷豪放；蒲州梆子（蒲剧），高亢激越。

勤于耕织是晋南民俗的一大特色，从前，晋南农家的门楣

运城舜帝陵祭祀仪式

上多镌刻有“稼穑维宝”“耕读传家”。重视教育也是晋南的特色。时至今日，晋南人仍然非常重视教育，晋南是山西教育非常发达的地区。孩子满周岁时，要进行抓周礼，以预测孩子的未来。抓周时，摆在桌子中间的是书和砚，孩子如抓到了书，众人皆露喜色。

位于晋东南的上党地区是出入河北、河南的重要孔道，太行山险峰陡立，绝壑深阻，“是为天下之脊”。农业生产以粟谷为主；饮食习俗喜吃小米饭；居住习俗简易质朴；民间说唱，尤为繁盛；上党梆子，激情奔放。

晋西地处吕梁山西侧至黄河以东，西渡黄河与陕北相交，汉时多属西河郡地。沟壑纵横，梁峁起伏。农业生产以粟豆为

传统砖雕艺术

主；喜吃小米钱钱饭；喜住窑洞；伞头秧歌，舞姿翩跹。

在上述五大民俗文化亚区内，又可分为若干片，如同属晋中民俗亚区的太原片、阳泉片、交文汾孝片。

多元文化融合

由于自然地理环境的不同和历史变迁的影响，山西民俗分为五个民俗文化亚区，然而每一个亚区的民俗文化特征并不是界限分明，独立存在的，而是彼此联系，互相渗透，从整体来看，山西民俗是多元文化的融合。

从自然地理来看，奔腾的黄河及其支流汾河等大小河流，不仅哺育了山西人民，而且形成了鲜明的黄河文化风情；连绵不断的太行山、吕梁山等大山，是山区特色民俗文化的摇篮。在广袤的黄土地上，山西各种民俗都渗透着黄土高原的特色。

从生产方式上看，山西是中原农耕文明与北方草原游牧文明的交界地带，胡汉文化在山西得到了高度的融合。山西既有北方少数民族的风俗，勇猛尚武，喜食牛羊肉，传统民居具有边塞古堡文化特色；又有中原农耕文明的风俗，在人生礼仪、生产生活、娱乐休闲等方面传承发展了华夏文明的传统。

从文化传播影响来看，山西北部以五台山和云冈石窟为代表的佛教文化、中部以晋商故里为代表的晋商文化、南部以洪洞大槐树为代表的根祖文化交相辉映，对山西民俗文化的形成产生了深远的影响。

在自然地理、社会变迁、文化传播等诸多因素的共同作用下，山西成为多种民俗文化的融合地。

传承性与创新性

民俗是在人类的发展史中，在日常生活的诸多方面约定俗成的各种方式、准则和规范。山西民俗文化同山西的历史一样悠长、久远，山西在从远古到现代漫长的发展过程中，保留和继承了华夏文明的传统，现代民俗的许多仪式和表现方式都从古老的传统沿袭而来。可以说，山西民俗具有传承性。

随着社会经济的发展和文化的进步，人们的物质文化生

活需求进一步提高，古老的民俗也显现出一些与时代不同步的细节。与时俱进是民俗发展演变的一个趋势，山西民俗在继承优秀民俗传统文化的同时，也进行了一些移风易俗的改良和创新，许多民俗活动都体现出了鲜明的时代性。因此，山西民俗又具有创新性。

山西民俗文化的主要类别

饮食民俗

民以食为天。在人类漫长的历史发展过程中，饮食不仅能满足人们的生存需要，而且从内容到形式都经过了丰富、改良、创新的过程，形成了丰富的文化内涵。饮食民俗，正是饮食文化的形象化表现。中国幅员辽阔、民族众多，各地区、各民族的饮食习俗各具特色。山西的饮食文化从食物内容、制作方式、呈现形式、食用时令等都有极大的发展变化，越来越趋于精细化、精致化。

山西传统的饮食民俗最具有地方特色的是丰富多彩的面食文化，以及享誉海内外的汾酒文化和人人皆知的食醋之风。饮食民俗大致可分为面食食俗、待客食俗和特色食俗等。

面食历史悠久，源远流长，以面条为例，东汉称之为

“煮饼”，魏晋名为“汤饼”，南北朝称“水引”，唐朝则叫“冷淘”。

山西的面食文化和山西地区盛产玉米、小麦和各种杂粮的物质条件密切相关。山西地处内陆高原地区，温带大陆性季风气候特征显著，干旱少雨，而且除汾河谷地的几个小盆地以外，大都是山区，适宜耐旱的五谷杂粮生长，为面食文化奠定了物质基础。山西北中部地区盛产玉米、土豆（北部叫山药蛋）、谷子、莜麦、荞麦、豆类、糜黍（也叫黄米）等，南部盛产小麦、玉米、谷子、豆类等。在长期的历史发展过程中，因商品交换条件不发达，山西百姓从本地物产出发，创新烹饪技术，擅长粗粮细做，细粮精做，面食种类之多、花样之繁、制作之巧、食法之特，在全国独树一帜，享有盛誉。

山西一日三餐中面食比重很大，可做主食，也可为菜品，烹制技艺十分丰富。面食的历史悠久，花样繁多，能用小麦粉、高粱面、豆面、莜面等做出几十种花样。按制作工艺，可分为煮制面食、蒸制面食、煎烤面食和炸制面食等几大类，数百种。随着食物多样化的需求和健康饮食理念的普及，以杂粮为原料制作的面食日益受到人们的喜爱。

煮制类面食以面条、面片为主。其中，山西的刀削面名扬海内外，是中国著名的五大面食之一，被誉为“山西一绝”。刀削面全凭刀削，一手拿面，一手拿刀，直接削到开水锅里。

传统石碾磨面

用刀削出的面，形似柳叶，中厚边薄，棱角分明，入口外滑内筋，软而不黏，越嚼越香，深得人们喜爱。

另一种代表面食是剔尖，即将和成半流质的面团盛放在盘子里拍平，一手执一铁筷子，一手转动盘子，沿盘边剔面下锅，也叫转盘剔尖，是流行于晋中、太原一带的名吃。

除了刀削面、剔尖以外，还有手擀面、饸饹、扯面、包皮面（晋城称为“黑圪条”）、柳叶面、龙须面、刀拨面等，此外还有猫耳朵、捻鱼、豆面抿尖、煮疙瘩等各具特色的手工面食。

蒸制类面食除了常见的以小麦为原料的馒头（晋南叫馍、晋东南叫蒸馍）、包子以外，还有造型典雅的烧卖（类似包子，上面开口，因形状像梅花，也叫稍梅）。以杂粮为主的荞面、莜面窝窝、高粱面鱼鱼、高粱面窝窝、莜面角角等，改革开放前曾是民众餐桌上的主要食物品种，如今已经成为人们恋乡怀旧、改善口味之象征和选择。莜面窝窝也叫栲栳，是晋北、晋西北吕梁一带的家常主食。将莜面用热水和好，手工推制成类似蜂窝状的面卷，整整齐齐地码放在蒸笼中，急火蒸出锅后，佐以调料蘸食，或与土豆片、羊肉炒食。高粱面鱼鱼在晋北的忻州、定襄、五台、原平、代县一带是家常饭。将和好的高粱面揉成两头尖尖的小鱼状，蒸熟后加菜拌食或炒食。还有一种蒸制食物谷垒（即不烂子），根据不同食材加面粉可以制作成

凉拌莜面

山药谷垒、榆钱谷垒、莜面谷垒、槐花谷垒等，既可做主食，也可以做特色菜品。发糕（小米面、玉米面发酵制作）、金银卷（玉米面和白面相裹的蒸食），全省各地都有制作。

煎烤类面食常见的是烙饼、煎饼和各种荤素馅儿饼，全省各地都有。油酥饼是掺和油、盐、小茴香等调料烤制的一种饼，晋南较多，现已流布全省。玉米面煎饼是将玉米面发酵后调成糊状，用勺舀到特制的铁鏊上，熟后再折起来。

炸制类面食最多的当数油条（太原一带叫麻叶，晋城一带叫麻糖），还有油饼、麻花，几乎全省各地都有。其中，用黍子去皮糠的黄米磨面做成的油糕在晋北、晋中流行，有的不加馅儿，有的加红豆沙、枣泥或蔬菜等馅儿料。

在节日期间，人们常用特定的食物表达对美好生活的祝愿，山西民众也不例外。油糕是山西地区受到广泛喜爱的节日

洪洞蜜麻托

食品，人们在节日或宴客时常爱吃糕，不仅因为其口感好，而且取其谐音“高”，讨个步步高的好彩头。其他油炸食品也是节日餐桌上的常客。每逢春节，各地还流行用面和糖、红薯、柿饼等和在一起，制成各种形状的油炸食品，用来供奉祖先或招待亲朋好友。稷山麻花是山西炸制类食品中的名牌。

山西面食除了日常食用外，还发明了手艺精美、颜色绚丽的花馍。花馍也叫面塑、面人、面羊等，各地叫法不一，都是以面粉为原料，经过揉面、造型、笼蒸、点色而成，地方特色鲜明，逐渐也成为山西面食的代表，已被列入国家级和省级非物质文化遗产名录。古绛州一带（即今天运城地区）的花馍注重彩色点染，花色绚丽，造型夸张，尤以走兽花馍最为出色，现在比较有影响的是闻喜花馍。

年馍以霍州一带较为出名，称为“羊羔儿馍”，过年过节时

炸油糕

捏制，一般造型朴实，不多修饰，颜色上仅以品红点彩；但题材丰富，有猫、狗、虎、兔、鸡、鸭、鱼、蛙等动物，葡萄、石榴、茄子等植物，还有佛手、满堂红、巧公巧母等主题，寄托了人们对万事如意、多福多寿的愿望。

春节期间，忻州一带把和好的面团捏成佛手、石榴、莲花、桃子、菊花、马蹄等各种形状，作为供物敬神。有一种大型供品叫枣山，是以面卷红枣拼成等腰三角形，角顶往往塑一层如意形图案，上面再加面塑的小元宝三至五个，同时还要塑一个状似龙身的环形，名为“钱龙”。

 面塑

燕燕，是用面粉捏成的一个个小巧玲珑的燕子形状的小面塑，因在清明、寒食节前后制作，又被称作“寒燕”。在山西的很多地方，每当清明节来临的时候，家家户户都要蒸寒燕来祭拜祖先，纪念先贤。

阳城焙面娃娃是每年农历七月十五娘家为闺女送的礼馍。焙面娃娃用特制的砂土套锅烤制而成，主料为面粉，辅料为杏仁水、糖稀搭色水、黑豆、花椒籽等。焙面娃娃内容丰富，有传说故事、戏曲人物、飞禽走兽、花蝶鱼虫等。

山西人勤俭持家，平日省吃俭用，但是热情好客，有客来必摆满桌杯盘。许多地区都有“八大碗”“十大碗”之称，如高平“十大碗”。高平十大碗也叫高平水席，是中国古老的筵席之一。其餐具用的都是碗而不用盘，因道道菜离不开汤水，吃一道换一道，像流水一般，故得其名。“十大碗”有荤有素，荤菜主要食材是猪肉，素菜的原料大都是当地土特产。

山西部分地区百姓款待女婿（旧称“姑爷”）有着特殊的传统习惯。“走麦罢”就是晋南民间款待女婿的一种特殊风俗。麦收之后，新婿一定要带一个用白面蒸制的月形大角子馍去看丈母娘。丈母娘见到女婿，从早到晚要做七八样饭，凉面、煎馍、烙饼是必备之物。晋中民间一向将女婿视为“娇客”，新

流水席中的菜品

婚之后，女婿上门必须由专人（同辈之人）去请，入席时坐在上席，有的还要请名厨师准备丰盛饭菜，其中，扁食（即饺子）必不可少。午餐后，岳父母家要给姑娘和女婿准备食品，7对糕、8对合子（即“馅儿饼”）、24个大饼，并且要在太阳落山前完成。丈母娘将各类食品装入特制圆木盒中，用方块红布包好，仍由先前去请的人送姑娘和女婿回家。晋北人大多以黍米面糕款待女婿，有希望女婿“高升”之意。

馅儿饼

山西是全国闻名的饮酒和食醋之乡。俗话说无酒不成宴，提到酒，有着几千年历史又在近代获得过巴拿马万国博览会金奖的汾酒当仁不让。山西人爱喝酒的名声在外，尤其在晋北高寒地区和晋西南山区，喝酒成为民间风尚，有的县志里就记载着“民风尚饮”。酒的酿造在山西有着悠久的历史，山西几乎各地都有酒厂，最著名的当属汾阳杏花村的汾酒。汾酒有着4000年左右的悠久历史，1500年前的南北朝时期，当时称为“汾清”的汾酒作为宫廷御酒受到北齐武成帝的极力推崇，被载入“二十四史”，使汾酒一举成名。此后古诗“借问酒家何处有，牧童遥指杏花村”，让渲染了诗情画意的杏花村汾酒千古流芳。近代以来，自1915年汾酒在巴拿马万国博览会上荣获一等优胜金质奖后，其声誉更是宇内交驰，名声大噪。汾酒素以入口绵、落口甜、饮后余香、回味悠长特色而著称，汾酒厂生产的竹叶青酒口味甘甜，在中国南方地区广受欢迎。此外，太原高粱白酒、长治潞酒、蒲州桑落酒、应县和忻州的二锅头、隰县玉屏酒、垣曲菖蒲酒、清徐葡萄酒等也是远近闻名。

山西人爱吃醋在全国闻名，食醋几乎成为山西人与生俱来

杏花村酒库

的标签。山西人由此还被外地人称为老醯儿，醯就是醋。在山西人的餐桌上，除了食品外，必不可少的一样东西就是醋。爱吃醋是和山西的水土有关，山西水质硬，即碱性强，加上杂粮多，不好消化，使醋成为必要的调味品。山西老陈醋酿制精良，口味醇香，享誉中外。太原宁化府醋、清徐老陈醋都是具有百年以上历史的口碑产品。

改革开放以后，随着人民物质生活水平的极大提高和对饮食需求多样化的向往，各种肉类、蔬菜、水果等多种副食逐渐增加，饮食结构发生了巨大变化。主要副食品是猪肉、牛肉、羊肉、鸡、兔、鱼、鸡蛋、豆腐、粉条等。山西民歌《夸土产》第一句“平遥的牛肉太谷的饼”，歌唱家郭兰英高亮且略带山西乡音的歌声唱出了平遥牛肉的头牌效应。平遥牛肉主要产于晋中平遥一带，质量以平遥南政、宁固等村和介休郝家堡村所产最为上乘。由于这一带所产牛肉质量好，产量高，历史上大都由平遥集散，故统称为“平遥牛肉”。平遥牛肉的选料和制作方法独特，口感不柴不硬，口味醇厚香美，已经毫无争议地成为民众餐桌上的冷食“主菜”，以及馈赠亲友特别是外地亲友的代表性礼品之一。

干菜凭借独特的风味成为菜肴中必要的配菜或常见的点缀。大同黄花菜、五台山台蘑、中条山猴头菇等，是驰名中外的干菜。大同黄花又名忘忧草、金针菜，它与蘑菇、木耳并称为“素食三珍”，自古就有“莫道农家无宝玉，遍地黄花是金针”的赞美诗句。云州区（原大同县）是闻名全国的“黄花之乡”，有600多年的黄花种植史，且品质非常高。腌菜本来是过去冬春时节时令蔬菜供应缺乏时民众常做的食品，现在山西各地的腌菜仍然在老百姓的餐桌上占有一席之地，知名度较高的有长治甜丝菜、平定豆叶菜、定襄老咸菜、太原酱菜等。粉条是山西饮食中主要副食品之一，由粮食粉、绿豆粉、土豆粉、红薯粉等不同淀粉原材料制成，是山西饮食中常见的菜品。晋北许多农家都用饸饹床自己压制粉条。

山西的果品产量丰富，营养价值高。红枣、核桃等干果在山西省域东西两边缘的太行、吕梁山区广为种植。柿子在晋南广大地区和晋城、晋中、吕梁等地均有出产。柿子通常可以加工成更美味的食品，比如将柿汁与炒面混合成柿炒面，是晋南一些地方的早点。去皮加工成柿饼，原是山西农村冬季常见食品，现在也已经成为城市民众喜欢的小吃。晋东南还有熬柿饼小米汤的习俗。

晾晒黄花菜

有百年以上历史的老字

号，是山西饮食文化的重要传承者和发扬者。这其中最著名的要数“清和元”头脑、“六味斋”酱肉、“老鼠窟”元宵、“认一力”饺子等。头脑是明末清初名士傅山发明的，流传至今已有300多年的历史，据说是傅山为其母养生特意研制的配方，是用羊肉、羊髓、酒糟、煨面、藕根、长山药、黄芪、良姜八宗物品混合煮成的不稠不稀的汤，故又称作“八珍汤”。在吃头脑时，还要佐以腌韭，作为药引。“清和元”是头脑的老字号，每年冬天，许多太原的居民都会吃一碗营养丰富又具滋补功效的头脑。“六味斋”酱肉始于清朝乾隆年间，得名于“酸、甜、苦、辣、咸、香”六味，中华人民共和国成立前夕，太原不少老字号由于时局动荡纷纷关门歇业，唯有六味斋以其“六味压三晋、香冠美群芳”的盛誉留存下来。如今，六味斋酱肉依然是太原市民待客的上品。

此外，山西还有许多深受百姓欢迎的风味小吃和菜肴，如柳林碗托、太谷饼、闻喜煮饼、浑源凉粉、神池月饼、定襄蒸肉、上党腊驴肉、山西过油肉等。

生活民俗

生活民俗主要分为服饰民俗、居住民俗、交通与行旅民俗。

服饰民俗是生活民俗的主要方面。山西地区的服饰民俗具

傅山纪念馆

有典型的汉民族特色，根据不同职业和年龄、性别差异，服饰有所区别。

民国以前，官员等级森严，在服饰上也有着严格的等级区别，官位不同，帽子、服饰色彩、花纹也不一样。男人多留发辫，戴小帽，多为黑色，中有小圆扣，称为“桃疙瘩小帽”。

民国以后，西洋文化也渗透进山西社会，男性官商人士服饰上出现了西装革履、中山装和长袍马褂并行的局面，平民男性以对襟衫居多。发式上，男性也剪去辫发，多留平头、光头。城市女性开始剪短发，衣服以长裙、旗袍为主。

中华人民共和国刚成立时，人们的服装上还保留着民国时期的样式，城市平民一般穿侧面开襟的长袍，妇女穿旗袍。广大农民这时在服饰上与城市平民差别不大，只是为劳作时方便擦汗、遮阳、挡风，大多数农民无论男女都会在头上绑白毛巾。另外，冬天的皮帽、毡帽、棉帽，夏天的草帽也是农民常见的装束。从服饰材料上看，晋北、晋西北高寒地区，冬季多以羊皮、羊毛为服装原料，皮袄也是农民常见的装束；晋南盛产棉花，妇女们常常纺棉织布做成衣服穿。“晋北老汉‘毛窝窝’，晋南大娘‘土布袍’”“反穿皮袄敞开怀”是旧时山西农民装束的真实写照。

中华人民共和国成立以后直至改革开放前，穿衣打扮一度和政治紧紧地联系在一起。城市里中山装和列宁装成为主流，而在中山装的右上口袋别上一支甚至两支钢笔，是有知识、有文化的表现。色彩上男性以蓝、灰、黑为主，女性则随年龄而变化，依次以红、粉、绿、蓝、紫、青色为主。20 世纪 50 年代，由于中苏友好关系的确立，从苏联传入的连衣裙“布拉吉”裙装成为最受女性青睐的服装。后来根据中山装改进的款式更简洁的“人民装”“青年装”受到民众的普遍欢迎。农村男子一般穿中式的对襟短衣、长裤，妇女穿左边开襟的短衫、长裤。“文革”期间，军装成为流行服饰，城市、农村青年男女都喜欢穿一身草绿色的军装，头戴草绿色的军帽，肩上斜挎一个草绿色的书包，而毛主席像章是最重要的装饰。这一时期服饰抹去了性别差异，男女远望从服饰上差别不大，失去了服装多姿多彩的美学修饰功能。女性的发式也比较单调，长麻花辫一度非常流行。绑白毛巾的装扮在这一时期的农村仍然盛行，男子白毛巾的绑法，其他地区是在前额打结，而太行山区多在脑后打结，有很大差异。“农业学大寨”的特殊历史时期，陈永贵的白毛巾装扮曾被许多农民效仿。

改革开放以后，人们思想开始解放，西装又重新开始流行并成为正装的主流，中山装也不时出现在各种场合，夹克衫则成为休闲服饰主打。20 世纪 80 年代，年轻男性曾风靡过喇叭裤，大街小巷这种装束的青年随处可见，再加上大大的蛤蟆镜，是时髦青年的标配；女性流行的则是蝙蝠衫。但总的来说，这一时期人们的保守正统思想还占主流，穿着过于时髦、异类在公共场合很容易招人侧目。

20 世纪 90 年代以后，人们的思想进一步解放，服饰越来越追求个性化、时尚化，色彩、图案变得多样化了，男式西装，牛仔衣、裤，样式繁多；女式裙装、裤装长短不一，色彩

缤纷，款式各异，百花齐放。发型变化多端，或直或卷，爱美的女性将头发染成各种绚丽的颜色招摇过市，人们也不再会用奇怪的眼光打量她们，这体现了社会的进步和包容。

儿童服饰受社会政治影响较小，无论城市还是农村，色彩上都是五颜六色。但改革开放以前，在质地和样式上，城市儿童服装要比农村服装显得“洋气”一些，农村儿童露天玩耍多，花色多，但色彩要暗一些，衣服材质以棉布类为主，多手工制作，相比城市儿童显得“土气”。现在城乡生活水平都得到了提高，城市、农村儿童服装差别已经不大。

儿童服饰最讲究的是童帽。从孩子诞生、满月、周岁，家长们都会依男女性别做不同的花帽。最常见的有虎头帽、狮头帽、狗狗帽、小猪帽、相公帽、八仙帽、瓦楞帽等，这些帽做工精细，绣制精良，造型生动活泼，色彩鲜艳，寄托了长辈们对孩子的祝福。

在吕梁柳林一带，为保佑孩子健康成长，母亲会征集许多家的布条缝制成“百家衣”，以借百家之福为孩子消灾免难，也是祈福的一种方式。

山西地区过去所穿的鞋多由妇女手工制作。晋北气候寒冷，鞋多为毛皮制作的靴类，御寒效果好。高靿的由羊毛碾成，称为“毛嘎蹬”，齐膝长，骑马坐车、走泥踏雪最为适宜。低靿的厚毡靴叫“毛窝”，宽松随脚，较受老年人的喜爱。普

虎头帽

通棉靴全省大体相同，样式没有男女差别，只有大小之分。普通夹鞋有牛鼻子鞋、方口鞋、圆口鞋、松紧口鞋、带带鞋等。

山西有一种传统手工艺绣鞋垫，至今仍流行在全省各地农村。纯手工缝制鞋垫要从用糨糊在布上打褙子开始，之后一针一线缝制而成。鞋垫的图案花样以几何纹样、吉祥花卉、龙凤呈祥等为主，其中龙凤呈祥为结婚时专用图案。绣鞋垫可以看出一个女性的心灵手巧程度，山西一些地区至今都有将手工绣制的鞋垫作为新娘压箱的必要陪嫁品之风俗，在结婚前为准新郎绣制几双精美的鞋垫，也是准新娘手艺和爱意的体现。

从服饰的变迁可以看出，服饰是随着地区社会经济文化的发展和社会风气的变化而变化的，体现了鲜明的时代特色。服装的材质选用上则有着明显的地域特色。

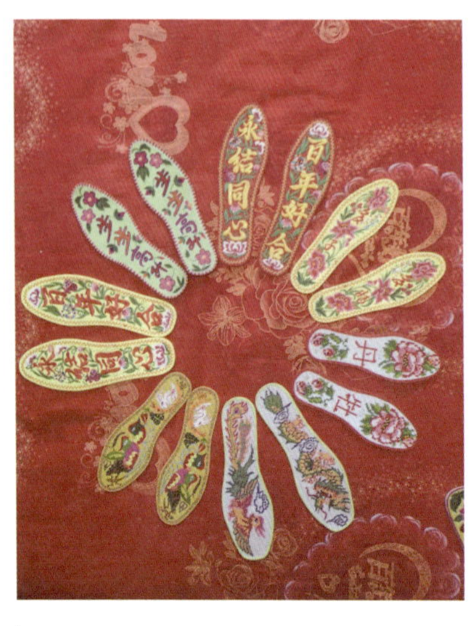

绣制精美的鞋垫

建筑是凝固的史诗，客体化的人生，空间化的社会生活。中国的传统生活方式、思想观念、文化价值观在居住民俗和建筑民俗中得到了充分的展现。

中国的传统民居中，以四合院最为广泛，四合院充分地体现了中国传统的“天人合一”“中庸”思想理念和严格的等级秩序和礼制观念，祭祀、婚姻、丧葬等重要礼俗以及人生各个年龄阶段的仪礼几乎都在这些或豪奢，或简陋，或大，或小的院落中举行。在中国社会的现代化发展进程中，城市居住模式和风俗在全国表现出趋同性，特别是改革开放以来，大部分县级以上城市及其周边居民居住都以楼房为主。因此山西居住民俗的特色主要体现在乡村地域范围，尤为珍贵的是，山西大地上散落着许多明清时期的晋商大院，这些规模宏大、布局精巧、建筑精美的传统四合院中，可以更好地还原山西传统的居住民俗。同时，由于黄土高原地质地貌和气候、水文、降水量的影响，山西还有许多独具特色的窑洞、地窨院等民居。

山西境内的村落根据地形、地理位置的不同和人口的多少，呈现出不同的风貌。山西传统村落大致可分几种类型，如农耕聚居村落、古代战争避难或屯兵防御村落、商业集聚村落、交通驿站村落、古县城旧地变迁村落、外地移入民村落等。这些村落命名也非常有特色，农耕聚居村落村名多叫“村”“庄”，前加姓氏，如李家庄、陈家村等；古代战争避难或屯兵遗留的村落多以“堡”“寨”“屯”“营”命名，如得胜堡、杨官屯等；商业活动和驿站形成的村落以“店”命名为多，如翟店、夏店等；古县城旧址变迁形成的村落，多称“古城”“故城”“固城”等；外地移入民村落有时会加原籍所在地，如长治县的林移村，村里的居民大多是从河南林县移民到此。此外，以地理名称或地理形势方位、重要历史人物和历史事件、物产、职业特色等命名的村落，充分体现了山西的自然和历史风貌。

山西村落的人口规模有大有小，大到上千或几千户人家，小到几户人家甚至只有一户的自然村。这是由多方面的因素形成的，一般来说，距大城市近的郊区村落，交通便利，经济发达，生活方便，村落人口较多；距河流近，土壤肥沃，耕地多的村落，人口也多。这样的村落通常规模也比较大。相对来说，偏远地区，特别是山区，自然条件差、交通不便、耕地

河曲县罗圈堡的土堡墙

少、土地贫瘠的村落，人口较少，规模也较小。

山西村落民居在房屋建筑上有着自己的特点，一是集聚性强，村内房屋互相毗连，往往前边房屋的后墙就是后边房屋院落的正面墙。左邻右舍，墙房相连，也叫作接山连墙，对户而居，中间相隔一条街道。二是建房格局因地制宜，特别是山区，沿河靠山而建，依山势形成高低层叠、错落有致的景象。三是建筑形制平原地区传统四合院多，山区窑洞建筑多，北部地区古堡建筑多，东西南北各有差异。四是传统建筑材料就地取材，以山西随处可见的黄土、青石、砖瓦为主，木材为辅。当然，现代住宅中多加入了钢筋、水泥等建筑材料，使得房屋更加坚固结实。

传统村落大多都有严整的布局，村落内的建筑既有公共建筑，又有私人院落。公共建筑包括祠堂、学校、庙宇、戏台，有的村落还有手工作坊，如粉坊、豆腐坊、磨坊、油坊等，现代化的设施还有商店、饭馆、理发店、健身场所、卫生所、网吧、广播站等，生活服务设施一应俱全。公共建筑既为村民生活提供了方便，也是村里各项事务协议解决之所。

依照房屋的类型和地理特点，山西村落民居大致可分为晋北平房瓦房区、晋西黄土山地丘陵窑洞区、晋中平房窑洞区、晋东南楼房区、太行山区石板房和石砌窑洞区。

（模拟）油坊工作场景

平原地区的平房、瓦房和楼房通常形成一个或几个院落，有很明显的封闭性。山西居民习惯单门独户、一家一院居住，素有“三家不一场，两户不同院”之俗，富裕人家的院落纵深长，分为多进，也是共用一个大院门，里面再由几个小院门隔开，

太行山区石板房

与外界还是封闭起来的。多数院落是以正房为中心布局，正房多坐北朝南，为家中长辈所居，东西两边建有厢房，为子媳辈房。还有的东西房都不建，只有主房，围以院墙，俗称“单片院”或“囫囵院”。房屋间数多取单数，传统中国封建社会对住房的间数有严格的等级限定，民间住房以三间或五间居多，七间很少见。正房多为瓦房，厢房多为平房。

山西人以住房好为荣耀，置院盖房是许多人一生的追求。房子大，规格高，就可以在众人面前扬眉吐气。民间流传一种说法叫“东高不算高，西高压断腰”。若西边的邻居房屋高，东边的就要加高，所以人们经常比赛着往高盖。尤其是门楼，更是人们用力装饰和较量的地方。

除平房外，晋东南农村多建有传统的双出水硬山式二层楼房，一般楼下住人，楼上存放粮食和物品，因此二楼较低矮。大多有固定楼梯，也有的是以移动式木梯供人们临时上下。

窑洞是黄土高原民居建筑的一大特色，山西属典型的黄土高原地形地貌，各地村落民居中，窑洞所占比例很大。建筑通常因地取材，在山西的山地、丘陵地区，最早的窑洞依黄土山坡而建，多依向阳山崖挖土建窑洞，也叫“靠山窑”。这种窑洞建造成本低，冬暖夏凉，不浪费耕地，是人们乐于接受的建筑形式。发展到后来，平川地区的人们也喜欢仿照靠山窑的样子，在平地上盖起窑洞式的拱形门洞房屋，这种窑洞多以砖、石砌成。

山西的窑洞主要分布在晋西黄土丘陵区、汾河中游山地两侧、晋东南山地丘陵区三大区域。晋南的平陆有一种特殊的窑洞，是天井式土窑院落，称为“地窨院”。地窨院多选平顶地方，从上而下挖成一个天井小院，然后在坑壁上掏成正窑和左右侧窑，为一明两暗式结构，格局仿四合院。再在院角开挖一条长长的上下斜向的门洞，院门就在门洞的最上端。多数农家在门洞下设有排水道，以防突降暴雨时雨水灌入窑洞。窑洞凿洞直通上面作为烟囱。窑洞上面多为打谷场，碾

武乡县前沟村窑洞院落

打晒干的粮食可以从打谷场通过小洞直接灌入窑洞内的粮仓中。这种房屋使整个村子“见树不见村，见村不见房，窑洞土中生，院落地下藏，平地起炊烟，忽闻鸡犬声”，似人间奇境，充满神秘感。

建房盖屋自古就是人生大事，山西农村在建房过程中有一套严谨、庄严的仪式。建房首先要择地、择日，房址要选择环境好、山水佳的地方，过去还要请风水先生按四时八运生辰八字判定房屋方位，选定修筑日期。动工时间大多在春季大地解冻后、雨水尚少、农事不忙之时。动工之日要面向测定的神祇

地窨院

方向摆香炉供品，举行仪式，俗称“破土”，有的地方叫“谢土”。之后是起基、起墙。墙基打起就要起架上梁。

上梁是农村的一项重要活动，通常有一场非常隆重的庆祝仪式。上梁的日子是在盖房前就由风水先生选好的，一旦定下后，就不能随意更改。梁其实早已安好固定，上梁仪式就是把正屋檩条中最顶上的一根大梁安装好。上梁仪式一般在正午，主家蒸的供品（面塑）必不可少，亲友们也要赠送礼品表示祝贺。大梁上要贴红纸，上写“上梁大吉”“栋梁之材”等。梁的一侧，用红布绑上一双红筷子，钉上两个铜钱，两头分别挂

上一串鞭炮。鞭炮一响，工匠们就开始往上拉梁。上好梁后，选定的木匠手提“上梁馍”，开始念“庆梁歌”。边念边往下扔“上梁馍”，扔完后，上梁仪式才算结束。主家开始宴请匠人和宾客。现在，随着生活水平的提高，“上梁馍”已经逐渐发展成糖、烟、红包等。窑洞合龙，类似于上梁，就是在窑洞顶中间留下一个缺口，只要把事先准备好的一块合龙石放在里面，整座窑洞就算砌好了。窑洞合龙也有一套类似于上梁的隆重仪式。

新房盖好后，乔迁新居时要贴对联、放炮，一是庆贺，二是驱邪。亲戚朋友有给新居主人暖房的习俗，贺喜的人会赠送礼品，多为床上用品或家居用品，主人要宴请贺喜的人。

交通和行旅习俗与山西的自然地理环境和社会历史发展更是息息相关。山西境内既有适于山区运输的陆地交通方式，也有在黄河、汾河等河流上形成的水路交通习俗。

陆上交通工具曾盛行过客货两用的双轮大车、轻便灵活的独轮车、翻山越岭的驴骡驮运、叱咤风云的晋商骆驼队、出行到娶亲的轿子等，水上交通依靠过黄河沿岸边的古栈道、乘风破浪的皮筏子、铁牛镇守的黄河浮桥等，无论在山地、高原，还是在河边，都留下了山西人行走在人生逆旅的身影。

山西人传统观念是比较恋家的，但历史上由于朝廷强制、生计所迫等原因，不得不离开故土，出现过明代“洪洞大槐

传统卧室陈设

树”这样举世瞩目、影响古今的大规模的移民，也有清代“走西口”这样的行商浪潮。明朝洪武、永乐时期的大移民，让移民后代子孙传诵了几百年“问我祖先在何处，山西洪洞大槐树”的民谣，甚至不远万里回山西老家寻根祭祖。清代走出山西、走向全国的晋商创造了“纵横欧亚九千里，称雄商界五百年”的商贸史上的神话。中华人民共和国成立以后，特别是改革开放以来，国家富强、社会安定、人民安居乐业，人民是为了更好地生活而行走在路上，诗和远方成为人们浪

唐代蒲津渡黄河大铁牛

漫的追求。

总体上看，历史上由于地缘因素、交通条件和其他种种原因，山西各地民众去大城市办事或者流连的目的地有一定规律性，除省会太原以外，其他地区的人经常习惯去相邻的外省大城市，如晋北地区的人喜欢去北京，晋东南的人多选郑州、洛阳，晋南地区的人多去西安，阳泉一带的人出行以石家庄居多。忻州、吕梁、晋中的人则以去太原居多。而省会太原地区的人则喜欢去北上广等一线大城市。近年来，随着省会太原都市经济、文化的发展和首位度的提高，对省内其他地区及全国各地的吸引力逐渐提高，吸引了越来越多人的到来。

杀虎口旧貌

西口古道

生产民俗

山西受气候条件和地理环境的影响，传统生产方式还是以农业生产为主。在千百年的生产实践当中，广大农民通过对天象、气候的长时期观察，掌握了天象变化与农业生产之间的规律，根据立春、谷雨、清明、立夏、立秋、立冬等节气，以及春节、中秋节等节令时的天气情况，预先判断气候变化及农业收成，总结出了宝贵的经验，并形成了较为固定的习俗。这些习俗包含了相当的科学道理，长期以来一直对农业生产活动起着重要的指导作用。许多流传久远的民谚其实就是这些习俗的总结。如“春打六九头，遍地走耕牛”“谷雨前，种地拴绳线；谷雨后，耕牛不停步”“惊蛰春分，耙地送粪”“谷雨前后，种瓜点豆”“麦怕二月寒，柿怕八月阴”“伏天深耕旱，来夏麦子好”“麦割夏至，谷割秋分”“立秋二日种白菜”“寒露霜降到，收了豆类收番薯”“立冬不耕南阴地”等。春耕、夏种、秋收、冬藏，一年四季的农业生产活动都凝聚在这些宝贵的经验里。

山西各地区的农作物有所不同，晋北高寒地带和南部山区主要农作物是春小麦，谷子、黍子、玉米、高粱、莜麦、荞麦、豆类等杂粮，以及胡麻一类的油料作物。晋中、晋东南一带为两年三熟区，以冬小麦和玉米、谷子、高粱等为主。晋南是山西的小麦、棉产区，同时兼种玉米。

农业生产工具经历了漫长的历史演变，铁锨、镢、犁、耙、镰刀、锄头等传统工具仍然保留，扇车、风车、磨、碾等小型的古老农业机械也依然能派上用场，同时出现了现代农业机械带动的双轮双铧犁、机械耙、旋耕机、机引耧、联合收割机等新式生产工具，大大提高了农业生产效率。

由于山西历史上是农业与畜牧业交界地带，畜牧业在山西也比较发达。日常养殖的种类有牛、马、骡、驴、羊等大牲畜和牧养牲畜，猪、兔等家畜。此外，鸡、鸭、鹅等家禽养殖也

春耕耙地

占很大比重。

大牲畜的养殖最初主要是供力役使用，用于耕地、种田、拉磨、运货。随着人民生活水平的提高，肉用牛、驴逐渐增多，规模养殖也发展壮大。人们对牛奶等健康食品的需求也日益增多，山阴、太原等地的奶牛养殖业比较发达。羊是牧养动物，耐寒性较强，在丘陵地区和山区饲养较多。羊肉可食用、羊毛可作纺织品，因此，山西人对羊的依赖程度很高。

猪是普遍的肉用畜类。平原地区养猪都垒有猪圈，山区有的使用废弃窑洞做猪圈，临县有的村里养猪不盖猪圈，猪就在

农具

村里自由奔跑，非常自然原生态。近些年，许多农村都把养殖户由小规模的家养为主发展为集中到固定地点进行中等规模的养殖，养猪的规模化效益提高后，经济收入显著增加。兔子剪毛卖毛可以增加收入，兔肉也可以食用，但兔子的家庭养殖相比于其他家禽、家畜来说要少得多。

家禽在山西的养殖以鸡为主，鸭、鹅也有一定数量。家禽的肉、蛋是农民改善生活、增加收入的途径之一。现在规模化家禽业养殖较为发达。

山西大小河流有1000多条，为渔业的发展奠定了基础。

运货用的柳编筐

山西养殖鱼类品种主要为鲤鱼、草鱼、鲫鱼等。渔业养殖习俗主要有河流养殖、水库养殖、池塘养殖、湖泊养殖、泉水养殖等，其中泉水养殖主要是经济价值比较高的虹鳟鱼。但是鱼类食用在山西是弱项，渔业养殖也不是山西主要的生产方式。

手工业生产在山西有着悠久的历史，拥有手工业技艺的匠人通常称为工匠，现代社会提倡的“工匠精神”，就是对手工业匠人精湛技艺和敬业态度的推崇。手工业最早与农业联系紧密，属于农业副业性质的家庭手工业，随着生产的进步，第二次社会大分工以后，手工业逐渐脱离农业，形成独立的生产行业。山西一般称从事各种手工业的工匠为“手艺人”，各行各业的手工业者在各自的生产活动中，形成了各自的习俗。

山西常见的传统手工业工匠为木匠、泥瓦匠、石匠、铁匠、铜匠、银匠、磨刀匠、箩匠、席匠、扎纸匠、鞋匠、锁匠、剃头匠，此外还有炉匠、皮匠、粉匠、染匠等。其中，木匠、泥瓦匠、石匠与人们的安居生活息息相关，属流动作业；铁匠涵盖了人们生产生活的各个领域，一般有固定的从业场所；铜匠、银匠、磨刀匠、席匠、鞋匠、剃头匠等服务于人们的生活，有固定场所从业人员，也有流动从业人员。传统手工业的传承通常是父辈传子辈，也有师傅带徒弟，有些行业只传家

（模拟）铁匠铺工作场景

人，个别行业只传儿子、女婿，所谓“传男不传女”。传统社会中，外姓学徒必须要经过严格的拜师程序，现在虽然程序简化了，但是尊师敬业的良好习俗一直保留下来。

平遥推光漆器制作技艺、山西老陈醋酿造技术、汾酒酿造技术、交城滩羊皮鞣制技艺等都是山西历史悠久的传统工艺。

作坊生产是传统手工业生产的主要形式之一，山西民间作坊较多，种类有磨坊、油坊、米坊、豆腐坊、粉坊、醋坊、纸坊、染坊等。作坊生产一般规模较小，人员较少，设备也比较

平定陶艺

简陋。随着生产力的进一步发展，作坊的规模也会相应扩大，到近代以后，原有的一些作坊渐渐扩大成工厂，形成了一批驰名中外的老字号。山西著名的老字号有“六味斋”酱肉、“广誉远”中药店、“双合成”食品店、“益源庆”醋业等。

信仰民俗

在生产力不发达的古代社会，一方面，人们在遇到不能解释的现象时，总认为天地有灵，相信神的存在，而遇到生病、灾荒时，又会看成是种种神怪在施加惩罚；另一方面，人们将对美好生活的愿望寄托在一些神灵身上。久而久之，人们为了避灾驱凶，或者寄托愿望，就会相信神的存在，由此产生了原始民间信仰。再加上佛教、道教、伊斯兰教等宗教的传播，更加强了信仰的影响力，社会上就形成了一些信仰民俗。

信仰民俗首先在各行各业中存在。山西是农业省份，在靠天吃饭的古代，天、地、日、月、风、雨、雷、电等天气现象和山、河等自然环境常常成为农民崇拜的对象。传说中主宰天气的龙王、水神、河神，与农业生产相关的始祖神农氏、黄帝、后土、汤帝、土地神等，都被人们所信奉。如遇到旱灾时，祭龙王祈雨是随处可见的仪式。土地神在农民心目中是掌握土地和庄稼收成的神灵，山西各地几乎都建有土地庙，春祈秋报是农业社会中人们对土地神的敬奉仪式。

林业的信仰主要体现在对山神和植物的崇拜。山神是一山之主，自然成为人们对山林的崇拜对象。松、柏和槐树树龄长，古老的松树、柏树和槐树被人们视为神灵或树精，受到人们的崇拜。特别是庙宇中的古松、古柏和古槐树，往往被人们挂满了寄托美好愿望的红布条。

马、牛在我国古代神话传说中往往是正义和善良的化身，因此马和牛也常常成为民众崇拜的对象，山西各地建有不少牛王庙、马王庙。

手工业中都有各自信奉的祖师爷或者保护神，如木匠、瓦匠的祖师爷为鲁班，牲口行、牙行信奉马神，丝绸业信奉嫘祖，畜牧、渔业信奉伏羲等。

商业贸易信奉的是财神爷，有文财神赵公明和武财神关羽

万荣后土祠秋风楼

两种信仰。因关羽是山西解州人，且以忠义著称，成为人们心中的偶像，在外的山西商人经常兴建关帝庙，或者在晋商会馆中供奉关帝。每逢关羽诞辰或者其他一些喜庆节日，必演戏酬神，为的是祈祷关羽的神灵保佑生意兴隆，财源广进。

在几大宗教中，佛教在山西传播影响相对较大，山西佛教寺院数量多，分布广；其次是道教，山西各地道观也不少。五台山作为佛教四大名山之首，历来受到信众的虔诚朝拜。恒山是著名的道教圣地。伊斯兰教在太原和晋东南的长治地区影响比较大，特别是长治市的西街，是回族居民的聚居区，那里的回族居民在服饰、饮食方面还保持着清真风俗。

不管是哪种信仰，趋吉避凶是人们的普遍愿望，伴随着信仰民俗而存在的是禁忌民俗。

风水是信仰民俗里一个很重要的内容。看风水在民间建屋立宅、看坟地等方面仍然很盛行。这里面有很多禁忌，如忌在

关公祭祀活动

庙宇、祠堂、坟场等附近建房。农村院子一般为南北方向，院门开在西北或东南，忌开在其他方向，这应与八卦方位有关。忌巷道直对房前房后。院门直对空旷地要设照壁，山西大院一进大门几乎都有一座高大的照壁。

山西服饰以红色为喜，因此结婚礼服均为红色，现代流行的婚纱由于是西方文化的产物，因此颜色要求不太苛求必为红色，但装饰用的喜字必须是红双喜。丧服则为白色。穿丧服忌讳到别人家中和院中。

饮食民俗中忌讳将筷子插在碗中央，那是烧香的样式，为

太原纯阳宫

阳城县上庄村民国时期民居

大不吉。吃鱼忌说“翻”，因为会被认为翻船或翻车。

此外，还有一些禁忌，如正月有“七不出八不入”“破五不出门”的俗语，是关于出入时间的禁忌。看望病人忌在下午，认为会给病人带来不好的兆头。

岁时节日民俗

山西是岁时节日出现较早的地区之一，这些民间节日源于黄河流域古代农耕社会文明的生产生活习俗和古代天文历法观念。中国传统的农耕经济有赖于季节时令，立春躬耕、夏初劝农、秋祭神灵、冬日养藏，完美地应和着四时节令，并产生了与一年四季相对应的节日。

山西民间流传着“四大节、八小节、二十四个毛毛节”的俗语。“四大节”指春节、夏节（端午节）、秋节（中秋节）和冬节（冬至），涵盖了春种、夏耕、秋收、冬藏四个季节的农业生产时令，因此具有极其稳固的传承性。“八小节”包括上元节（正月十五）、龙头节（二月二）、清明节、五谷节（六月六）、中元节（七月十五）、重阳节（九月初九）、寒衣节（十月初一）、腊八节（腊月初八），浓缩了山西人的宗教信仰、祖先崇拜等情感。“二十四个毛毛节”指二十四节气，二十四节气是农耕文明的经验总结，也是祖先智慧的结晶。除此之外，一年春、夏、秋、冬四季之中，根据不同的气候特点和文化传统，还有许多传统节日，春季有立春、添仓节、青龙节、寒食节、上巳节，夏季有佛诞节、天贶节，秋季有七夕节，冬季有开斋节，等等。每个节日里的民俗，主要是中国传统农耕文明的遗风，又有北方游牧民族和佛教等外来文明的浸染。

总体来看，正月和腊月节日最多，这与农业生产规律有关，这两个月由于天气寒冷，正是农闲季节，又是在秋天丰收之后。人们辛苦工作一年，在丰收之后的两个月尽情庆祝，同时祈祷第二年的美好收成。

春节是中华民族最重要的传统节日，从腊月到正月，有一系列有关祭祖、祈福和庆祝的民俗活动。春节习俗是一系列习俗的综合体。农历腊月二十三时，民间有祭祀灶王爷的传统，也称为祭灶节，或者小年。过了腊月二十三，就开始打扫、装饰屋子，山西民间有剪窗花、贴年画的习俗。到除夕那天，家家户户都要贴春联。春联一般都用喜庆的字眼，表达人们希望来年丰收、生活幸福的美好愿望。民间讲究每神必贴，每门必贴，每物必贴。除夕要供奉天地爷，请祖先，有的地方会垒起旺火、扎草把、糊灯笼，除夕晚上不睡觉，称为熬年或守岁。正月初一是农历新年第一天，民间俗称“过大年”。拜年是这一天的主要活动，依据家族关系远近大体上分为家拜、近拜、远拜等形式，现在城市机关、企事业单位职工过年还盛行团拜。晚辈给长辈拜年时，长辈通常会给压岁钱。正月初二或初三，嫁出去的姑娘会带着女婿回娘家拜年。长子县有初一或初六回娘家的习俗。正月里还有迎喜神节、破五送穷节、人节、谷神节、石头节等小节日。宁武马营净身节又名“泼水节”，起源于马营村周边民间传说故事“送瘟神”，其意在消灾难、祈福报、求平安。每年举办两次，第一次为农历初一到初十，第二次为农历五月二十五至二十九。届时全村男女老少身穿盛装，齐聚街头，相互泼水祝福，就连大小牲畜也全部聚在一起。作为山西省非物质文化遗产，这项民俗活动正被当地群众逐渐挖掘出来，并成为一种特色旅游项目。

元宵节是中国传统节日中最具娱乐性的一个节日。吃元宵、赏灯猜谜、放烟花、看戏和民俗表演是元宵节的几大内容。正月十五看花灯的历史源远流长，中国古典诗词里有许多赏花灯的描写，传统工艺的灯多用纸和纱制作，题材丰富多样，有动物，有人物，有故事，现代灯则用新型材料，充满科

繁峙县前所村正月泼水节

技感。山西各地元宵节大都有转“九曲黄河阵”（亦称“九曲黄河灯”）的习俗。这个活动在雁北平鲁一带最为宏伟。除此之外，民间的秧歌队、社火队要集中起来进行会演。形式多为耍龙灯、舞狮子、高跷、抬阁、旱船、跑驴、大头娃娃等。有时两支队伍在路上相遇，还会展开激烈的对手赛表演。这时，乐队的指挥起着重要的作用。晋南的乐队注重打击乐，晋北的乐队注重吹奏乐。有些县城和条件好的村镇还要请戏班。晋南襄汾县陶寺村的“天塔狮舞”表演，体现出惊、险、奇、绝、美的艺术特点，始于隋唐时期的狮舞，被誉为“华夏一绝”。这天，许多地方的秧歌、社火队伍还要集中在县城或重要集镇

浊漳河沿岸村庄的五谷神灯（九曲黄河灯）

进行会演。

山西盛产煤炭，垒旺火是春节期间特别是元宵节的重要民俗之一。各地多在门前垒旺火，以求来年兴旺发达。晋中地区以塔塔火闻名，塔塔火讲究以塌为吉。晋东南地区旺火往往垒成老虎、狮子等猛兽的形状，下面有通风口，兽嘴就是喷火口，点燃以后，各种野兽口喷火光，十分壮观。晋北地区特别讲究旺火高大，怀仁县的大旺火，全都是精选的块炭，点燃后，既要保证三天三夜旺火冲天，还要保证旺火不塌不倒，堪称一项绝技。

中阳剪纸："旺火点亮前程路"

立春是农历二十四节气之一，也叫"打春"。牛是中国传统农业社会进行耕作的主要畜力，春耕就要使用牛进行耕作，打春牛又叫鞭春。在山西民间流行着一首春字歌："春日春风动，春江春水流。春人饮春酒，春官鞭春牛。"讲的就是立春打春牛的盛况。春牛一般由泥土制成或彩纸扎制，晋北有些农村在立春日，村里推选一位老者，用鞭子象征性地打三下泥塑的春牛，意味着一年的农事开始。然后众村民将泥牛打烂，分土而回，撒在各自的农田中。还有些村庄用纸牛代替土牛，村民们轮流鞭打春牛，纸破后五谷四溢，象征着“五谷丰登”的好年景。立春这天，山西各地除了鞭打春牛以外，有些地方还会用绢做成布偶，叫“春娃”，戴在小孩子的身上；晋北则讲究缝制个小袋，里面装上五谷杂粮，挂在耕牛角上，人们用各种方式迎接春的到来。晋东南的长治地区立春这一天，还有出嫁的女儿不能同母亲见面的习俗。

添仓节是春节之后的一个重要节日。添仓节是中国北方所特有的节日，起源很早，宋代孟元老在《东京梦华录》里就提到过添仓节：“正月二十五日，牛羊豕肉，恣飨竟日，客至苦留，必尽而去，名曰添仓。”传说正月二十五是仓神的生日，这一天，所有与粮食有关的行业都要进行祭祀活动，以祈求来年的丰收。但实际生活中，各地添仓节的日子并不严格统一。在晋城市沁水县湘峪村，添仓节为农历正月十九。是日，当地百姓会把水缸挑满，米仓添满，并蒸添仓疙瘩，以祈求好运。做添仓疙瘩时，先做一个长圆形的面馍馍，代表谷仓，之后，把柿子饼碾碎，与江米混合和面，做成条状物，放在面馍上，代表谷仓满溢冒尖，寓意好收成。

晋南芮城匼河的青龙节是一种坚持千余年的古会，即“三社典”古会。古会中最令人振奋的是号称“匼河二杆子”的“背冰亮膘”壮举。匼河“背冰亮膘”的行为与古代人们祈雨的活动紧密联系。一队赤身裸体的男子，腰系野藤或土布裤衩，身背铡刀、石磨和一大块冰凌，冒着严寒赤足列队缓慢前进，队伍从村外出发，一直行进表演到泰山庙或龙王庙才结束，整个表演会伴有古朴的锣鼓，俗称“撤锣鼓”。队伍浩浩荡荡，气势雄壮。如今，每年乍暖还寒时，匼河人还会背冰亮膘，以此来显示中华民族血脉中那强悍不屈的精神。

寒食节和清明节本来是两个时间最接近、联系最紧密的传

洪洞水神庙

中阳剪纸：清明祭扫

统节日。寒食节传说是为了纪念晋国介子推而形成的，十六国时期后赵统治者石勒体恤民情，曾下令缩短寒食节禁火吃冷食的天数。清明节又叫踏青节，在仲春与暮春之交，既是二十四节气之一，又是中国传统节日，是春季祭祖最隆重的节日。寒食节在冬至过后的第 105 天，一般正好在清明节的前一至两天，现在大部分地区已经将两节合并，只有绵山地区举行较为隆重的活动。山西的平定县还有“前寒食”和“后寒食”的说法，“前寒食”即在清明节的前一天上坟烧纸祭祖，“后寒食”则是在清明节当天上坟烧纸祭祖。山西北部多数地方上坟时要将冥钱等物全部烧尽，理由是不烧尽就转不到先人手里。在北部地区上坟多是男子的事情，妇女一般不到坟茔。山西南部地区，每家不论贫富贵贱，上坟时男女都到，表示所有后代都在怀念祖先。晋南大多数地方不燃香、不化纸，而是将冥钱等物悬挂坟头，有“清明坟头一片白”的说法。其原因和寒食节禁火有关。晋南地区上坟后，回家时要拔些麦苗，并在门上插松枝柏叶或柳条以辟邪。清明节，山西盛行“打秋千”和放风筝，但太阳落山后，必须停止活动。

端午节为农历五月初五，也称端阳节、重午节、天中节等。端午节源于古人的驱邪避瘟活动。端午节吃粽子是一种重要的传统习俗，普遍的说法是与纪念屈原有关。山西民间用清凉的井水浸泡粽子，既能长时间保存，又能增加其色、香、味。山西晋中还创制了类似于粽子的凉糕。山西人传统风味的粽子大多以黍米（糯黄米）为馅儿，加上红枣，外面包裹上芦叶，吃时拌上糖或蜂蜜，绵香可口。此外，在宅院中还有“端午到，插艾蒿”的习俗。晋北习惯将艾蒿编成人形，悬于门楣，称为艾人。晋南习惯将艾蒿编成虎形，悬于门首，称为艾虎。除了一些独具特色的饮食习俗和讲究外，在山西许多地方还形成了特定的娱乐活动。如有“北方水城”之称的山西省沁县盛行一年一度的龙舟邀请赛，寿阳县则是举办阳坡庙会，繁峙县五月初五传统要在玄帝庙上唱戏。雁北地区的阳高县，在端午节有逛城墙的风

端午香包

俗习惯，当地称为“串城墙”。这天，周长九里的城墙上人来人往，熙熙攘攘，格外热闹。

六月六在民间被称为天贶节、翻经节、姑姑节，是山西特有的回娘家节日。晋南地区有“六月六，走麦罢”的俗语。同时，六月六天气多晴暖，不少地区和全国其他地方一样，在这一天晒衣被、书刊，过“晒衣节”。

“七夕节”来源于牛郎织女的神话故事，山西省晋中地区的和顺县是这个故事的起源地之一，这里是牛郎织女浪漫爱情故事发生、发展的重要地域，也是七夕风俗传承与发展具有典型意义的重要地域。和顺县的南天池与牛郎峪不到 10 平方千米的境域中至今保留着与牛郎织女故事相关的自然和人文景观、景物 20 多处。村民世代传承着生动鲜活的牛郎织女故事和七夕风俗活动。2006 年 12 月 13 日，中国民间文艺协会正式命名和顺为“中国牛郎织女文化之乡”，2008 年 6 月 7 日，国务院以国发（2008）19 号文件将和顺县“牛郎织女爱情传说”列入第二批国家级非物质文化遗产名录。七夕节里，姑娘、媳妇有许多向织女讨教手艺的活动，称为“乞巧”。晋南地区习惯在祈祷后，拿七根绣花针，用彩色线来穿针孔，能够一次顺利穿过七个针孔者就被认为乞得了巧。晋西北牧童要为耕牛编戴花环，称为“老牛过生日”。晋东南流传有夜深人静时躺在葡萄架下偷听牛郎、织女说悄悄话的说法。

七月十五被道教称为中元节，佛教称为盂兰节，民间俗称鬼节。山西各地普遍讲究七月十五要放河灯，这是七月十五祭奠亡人最隆重的活动。晋西北的河曲县每年中元节都有放河灯的习俗。河曲河灯会在每年的农历七月十五前后三日举办，地点在县城西门外的“西口古渡”。当年成千上万的人就是由这里走上西口的淘金之路，因此选择这里作为给死难的人们超度亡灵的地方。放河灯有正式的仪式，场面极为壮观。如今的河曲河灯会，承载的已经是人们祈愿吉祥如意的心愿。河曲河灯会 2006 年被纳入山西省第一批非物质文化遗产，2008 年被列

河曲西口古渡

入第二批国家级非物质文化遗产名录。在山西的其他地区，为图吉利，七月十五这一天会蒸制题材丰富、形态各异、寓意吉祥的面塑，因此，人们又把中元节称为展示手艺、文化内涵非常丰富的“面塑节”。

八月十五，即中秋节，是中国传统节日中最隆重的节日之一。中秋节有悠久的历史，每年中秋这一天，人们都会祭祀月神，祈求家人团圆和国泰民安。祭月的主要物品是月饼，月饼分为祭月月饼（也称为团圆月饼）和普通的食用月饼。除了月饼外，祭月物品还有葡萄、西瓜、毛豆等。晋北地区祭月习惯用套饼，由小到大，垒起来像一座宝塔。繁峙县有一种特殊

晋东南农历七月十五前后“抡火蛋”

的中秋月饼，习惯做成球形，是当地农家的独特创造。晋西北的月饼，和面全部采用胡麻油，口感酥香。民间祭月的场所大多在室外，中秋之夜，在院落东面摆上供桌，上面摆放月神图像、月饼、西瓜、毛豆、水果等祭月物品，点燃香炉中的香，磕头跪拜月神。拜月结束后，全家人便围坐在一起，将一块大月饼按人切块，每人一份。对未能回来过节者，家人也要给其留一份月饼，待其回来时享用，分享月饼传承着“全家团圆、一个都不能少”的美好愿望。

寒衣节为十月初一，又称“十月朝”“祭祖节”“冥阴节”，与春季的清明节，秋季的中元节，并称为一年之中的三大“鬼节”。这一天，要祭奠先亡之人，特别是要烧纸制冥衣，谓之送寒衣。晋南地区送寒衣时，讲究在五色纸里夹裹一些棉花，说是为了亡者做棉衣、棉被时用。晋北地区送寒衣时，要将五色纸分别做成衣、帽、鞋、被各种样式。焚烧寒衣，有的地方在亡者坟前进行，讲究在太阳出山前上坟；有的地方习惯在门前焚烧祭物。寒衣节与清明节、中元节一样，都是中国传统文化中祖先崇拜的习俗理念，寄托着人们对逝去的亲人的怀念和感恩之情，体现了中华民族传统道德理念中“礼”和“孝”的传承。

冬至节，冬至是四时八节之一，被视为冬季的大节日，在中国传统农业社会中自古就有“冬至大如年”的观念，在西汉

武帝时期的《太初历》中，冬至被列为二十四节气之首。冬至又被称为“亚岁”“小年”，一是说明年关将近，二是表示冬至的重要性。很多地方至今仍保持着冬至祭天祭祖的传统习俗。冬至旧俗之一，是由学董（负责学校日常事务的人）牵头，宴请教书先生。先生要带领学生拜孔子牌位，然后由学董带领学生拜先生。山西民间至今仍有冬至节请教师吃饭的尊师习俗。晋西北习惯用炖羊肉招待教师。民间口头传说冬至吃了饺子不冻耳朵，因此同中国大部分地区习惯一样，山西地区冬至这一天也大多吃饺子。除此以外，山西一些地方在冬至以糕为食，如和顺“迎冬就年”吃油糕，灵石吃黍米糕，平鲁有“闹冬”的风俗，鸡肉蘸素糕配羊汤吃。

中阳剪纸：冬至

腊八节是腊月的第一个节，在每年的腊月初八，古代会举行腊祭，用打猎捕获的野兽祭祀先祖。腊祭仪式过后，要进行宴飨活动，用新产的黍糜做粥聚餐。另外一种说法是，腊八节起源于佛教，这一天是佛祖释迦牟尼成道日，佛教徒用米加果物煮粥供佛，称腊八粥。无论何种起源，民间在腊八这一天都是喝腊八粥。腊八粥的原料以豆米为主，豆有红豆、绿豆、豇豆、扁豆、豌豆、蚕豆，米有小米、大米、黄米、粳米、江米、小麦、燕麦、玉米等，可以根据个人爱好和习惯选用。在晋中、太原一带的城乡，还有泡制腊八蒜的习俗。

开斋节为伊斯兰三大宗教节日之一，是伊斯兰教教徒守斋的月份。山西居住着许多回族民众，皆信奉伊斯兰教，亦称清真教，教徒通称为穆斯林。回族民众习惯采用回历纪年，在回历的十月一日，他们要欢度开斋节。山西回族人一般不过汉族的节日，但年节、端午节、中秋节例外，与汉民一样，也吃粽子、月饼。太原大南门北就有一座清真寺，每年的回历十月一日，这里就成为回族人欢度开斋节的集会场所。

人生礼俗

在社会发展历程中，人自身的繁衍生息是社会发展进步的一项重要内容，中国社会历来重视人生伦理，婚丧嫁娶、生日寿诞是人一生中极为重要的时间节点，山西在这些方面也形成了丰富的民俗文化。

婚姻是人生礼仪中的一项大礼。婚俗是社会生活的重要组成部分，由于山西的历史文化始终处于中华文明的主流影响范围之中，相对稳定，但也受到了社会发展整体大变革的冲击，

婚俗的发展演变既具有相当的稳定性，也会受到社会历史变迁的影响。山西婚俗在演进过程中，既传承了大部分的古老传统，又有一些适应时代的新的风尚。

古代的婚俗包含“六礼”，即“纳采、问名、纳吉、纳征、请期、亲迎”，山西古代社会中婚俗也是遵循“六礼”而行，随着社会的发展，“六礼”的程序化繁为简，但重要环节大体上没有变化。近现代以来，山西各地的婚俗礼仪大致分为议婚、合婚、订婚、择吉日、婚前准备、迎娶、婚礼等几个阶段。其中订婚是山西多数地区都比较看重的仪式，雁北一带称为“下茶”，晋南一带则称为“过大礼”。迎娶和婚礼是婚俗中最重要的仪式。山西多数地区都有抹红、抹白和抹黑的习俗，就是新郎、新娘的父母被同辈的人在脸上抹上红、黑颜色，制造诙谐欢乐的效果。晋东南有在头上扣面袋的做法，称为抹白。

整个婚礼过程中，无论采用什么样的仪式，目的都是祈求新婚夫妇吉祥如意、和谐美满、白头到老。另外，还希望新婚夫妇早生贵子，多子多福。

生育习俗也是人生礼俗中的重要组成部分。孩子刚刚生下，即有报喜的习俗，娘家人闻喜讯后会去探望，探望时会带各种特色食物及新生儿衣物等。孩子出生一个月、一百天、一年，父母都要给孩子庆祝。晋中满月时要蒸个大馍馍，叫圐圙，男孩子还要蒸个盖子，满月当天在孩子身上绕一绕，让孩子钻一下。大同一带是在孩子百天时蒸馍馍。孩子满月或百天时戴“长命锁”是全省各地都流行的习俗。传统的长命锁多为银质，呈古锁样式，一般正面镌刻着“长命宝贵”“长命百岁”等字样，背面镌刻着麒麟图案，表示麒麟送子，也有镌刻龙、虎、寿等字样的。等孩子长到 12 岁时，会举行开锁仪式，有的过虚岁，有的过周岁，长治县和潞城一带，一般是 15 岁开锁。开锁表明这个孩子已经从儿童成长为少年，心智渐开。

长命锁

老人的六十、八十岁寿诞也是山西各地流行的习俗。每逢老人六十寿诞时，雁北、忻州的一些地方还有给老人做寿材（即棺材）的习俗，一般讲究在有闰月的年份做，而且最好是在闰月里做，所谓“闰年闰月一百岁”。老人过八十岁生日，被称为“过大寿”，又叫“庆八十”。其仪式比六十大寿更为隆重。除了各种带“寿”字的礼品外，人们还常用“富贵耄耋图”作为贺礼。

长期以来，由于科学知识和认识的缺乏，民间老百姓普遍有人死后灵魂不灭，可以投胎转世的观念。在这种认识基础上，人们异常重视丧葬礼仪。山西各地的丧葬风俗大体相同，只是个别仪式有差别。

土葬是农村百姓普遍的葬俗。仪式大体分为合木和老衣、初终和小殓、报丧、入殓、守丧、移灵和家祭、出殡、复三和做七、百日、周年等程序。哭丧是中国丧葬礼俗的一大特色，贯穿于葬礼的始终。而且民间讲究孝子、孝女不能干哭，必须泪如雨下、号啕大哭才能表达孝心。现在山西许多地方还有职业哭灵人，哭声震天，有腔有调，在场之人无不动容。

现代城市中，土地有限，没有供土葬的场所，火葬成为必然的选择。火葬虽然程序比土葬要简化一些，但主要的流程和环节还是必不可少。

民间艺术

民间艺术范围广泛，涵盖了音乐、舞蹈、美术、戏曲、曲艺等诸多方面。山西是民间艺术之乡，丰富多彩的民间艺术民俗点亮了人们的生活。

山西民间音乐地域性特色明显，太原、临汾、运城新绛等地的锣鼓，恒山的道教音乐，五台山的佛教音乐，晋北、上党八音会，文水鈲子，左权开花调等都是民间传统的音乐形式。锣鼓曲粗犷豪放，雄浑激越，刚劲有力，体现出浓郁的黄土高原风情。以铙、钹等特有声响为主体的锣鼓曲是太原锣鼓的最大特征。晋南地区的锣鼓又称为威风锣鼓，俗称“家伙”，是一种民间打击乐器的合奏方式。威风锣鼓流行于山西临汾一带，始于尧舜时代，春秋时期已经初具规模，成为祭祀活动的主要程序。唐代后，威风锣鼓艺术在临汾一带兴盛发达，流传至今有200多个传统曲牌。新绛县为古绛州，自古以鼓乐出名，众多曲牌中，尤以“秦王破阵乐”最为著名，声韵铿锵，气势磅礴。“八音”是中国古代对民族乐器的统称，包括金、石、丝、土、革、竹、木、匏八类。上党八音会历史悠

锣鼓表演

久，形成于元明之际，成熟兴盛于明末清初。上党八音会是细吹细打的民间“细乐”，讲究吹和打的细腻配合，吹得热烈、打得热闹，演奏形式活泼，声音高亢嘹亮。五台山佛教音乐中保留了许多自唐宋以来各朝代和多时期流行的歌曲和乐曲，是中国传统音乐的“活化石”。左权小花戏，因歌词的上句常以“××× 开花”为起兴，下句点题，因而又称“开花调”。在开花调中，任何事物都可以开花，剪刀可以开花，笤帚可以开花，门搭搭（门搭扣）可以开花，石头也可以开花。此外，歌词中用左权本地方言所构成的话语体系也堪称一绝，如“亲疙旦儿”“啊咯呀呀呆”等，地方特色呼之欲出。代表曲目有《桃

 左权开花调《桃花红，杏花白》

花红，杏花白》《有了心思慢慢来》等。

山西民间传统舞蹈同样很有自身的特点。秧歌是主要的舞蹈形式，代表类型有原平凤秧歌、临县伞头秧歌等，都是边舞边唱。迓鼓是平定地区古老的艺术形式，清代已有文、武、丑三种迓鼓，至今文、武迓鼓仍然流传于世。传统的武迓鼓是由21人演奏成套古典锣鼓曲牌，同时，进行套路众多的舞蹈和阵法演变，象征性地表现《朱仝上梁山》《赵匡胤下河东》等剧情的民间乐舞，剧中演员各自插单靠旗，女角饰梅花脸，极类似宋杂剧“装孤”之表演特征，具有较高的历史文化艺术价值。侯马麒麟采八宝是清代中晚期流行于山西侯马的一种传统民间舞蹈，舞蹈中美丽的麒麟翩翩起舞，姿态优雅，寓意吉祥。稷山高台花鼓是汇集了音乐、武术、戏曲、杂耍、传统手工业制作等多种艺术元素的民间舞蹈形式，高台花鼓是男鼓、女舞，锣鼓场外伴奏，鼓手在由板凳搭建的高台上完成花鼓表演，具有“高、奇、险、绝”的特点。

山西是戏曲之乡，多种地方剧种百花齐放，交相辉映在山西的戏曲舞台上。北路梆子、晋剧（又称中路梆子）、蒲剧（又称蒲州梆子）、上党梆子合称山西四大梆子戏。蒲剧是其中最古老的一种，从蒲剧中派生出了中路梆子、北路梆子和京梆子等。蒲剧流行于晋南地区，其音乐长于表现激情。晋剧的题材主要以反映抗击外寇、改朝换代为主，表演大度、激情，唱腔

高亢激昂，行当齐全，文武兼备，是北方大剧种之一。北路梆子流行于山西北部及河北、内蒙古的部分地区，结合了当地语言，吸收了说唱、吹腔、昆曲等艺术形式而成。北路梆子男女同腔同调，注重唱功，创造了很多花腔。上党梆子又称“上党宫调”，流行于晋东南地区，分“上府”（潞州八县）、“州底”（泽州五县）两大流派。此外还有临县道情、孝义碗碗腔、大同耍孩儿、灵丘罗罗腔、祁太秧歌、晋南眉户等小剧种或小戏。山西各地不同剧种均是萌生于不同的地理和文化环境，其语言带有明显的区域特色。

山西民间传统美术有面塑、炕围画、剪纸、木版年画、手

潞城贾村乐户表演

工绣艺等，其形式和题材明显源于生活。襄垣炕围画是一种集诗、书、画、印于一体的“全套型”组合式炕围画。在绘画内容上一般选择山西农村群众喜闻乐见的题材，形式上仿壁画绘法，风格上具有建筑彩绘画风。炕围画按用途和做工精细程度大致分三等，上等的叫夔龙架，也叫硬架炕围；中等的叫汉纹景架，也叫软架炕围；下等的叫三栏边。全套型炕围画分中心炕围（边道、花边、池子、内心），靠背，条屏和地围四大部分，体现了普通老百姓的审美意识。剪纸艺术在山西各地都有分布，其中广灵剪纸和中阳剪纸较为有名。广灵剪纸属于剪纸中的“染色刻纸”类，图案处理以阳刻为主，阴刻为辅，表现形式上，有折叠、染色、套色、洗色、单色剪纸之分，色彩鲜艳、造型生动，具有传神的表现力。

山西民间曲艺品种多样，主要有太原莲花落、离石弹唱、长子鼓书、曲沃琴书等。莲花落别名晋中落子，20 世纪以来，其发展以太原为盛，故被称为“太原莲花落”。莲花落的表演形式通常为一人自击竹板（两大五小，俗称“七件子”）伴奏韵诵，唱诵为主，间有夹白。也有双人对口和多人演出的形式。唱词基本上七言四句为一段，讲求合辙押韵。离石弹唱流行在离石、柳林、方山、中阳一带，在民间有“东秧歌，西道情，小曲出在离石城”的俗语，这小曲指的就是弹唱。弹唱用的乐器有三弦、扬琴、四音子（四胡）、笛子、管子、笙等，

因伴奏以弹拨乐器为主，故称小曲弹唱。长子鼓书是流行于长子县及其周边地区的独具特色的曲艺说书形式。长子鼓书的表演形式为说唱相间，以唱为主。表演时采用长子一带的方言说唱。曲沃琴书流行于曲沃县及晋、陕、豫三省交界地带，因表演时主要伴奏乐器有扬琴、八角鼓、单扇钹，故名琴书，或者鼓儿书。曲沃琴书是清代道光年间由河南南阳传入当地的“越调”（也叫“月调”），吸收当地流行的民歌小调和眉户剧、蒲剧的音乐元素，结合当地语言发展而成。唱腔属板牌混合体，有“铰子腔”和“鼓子腔”两种唱腔曲调，节目以中长篇为主，擅长叙事和刻画人物，尤其擅长表现征战、伦理公案题材，深受老百姓的喜爱。

游艺民俗

游艺民俗主要分为民间游戏、民间竞技、民间社火等类别。

山西的民间游戏种类繁多、形式多样，分为益智休闲类游戏、体育竞技类游戏、棋艺类游戏、模拟表演类游戏等，主要有九连环、七巧板、翻花、丢手绢、放风筝、荡秋千、跳房子、跳皮筋、骑竹马、打瓦、踢毽子、滚铁环、抽陀螺、拔河、滑冰、五子棋、围棋、老虎吃绵羊、捉迷藏、老鹰抓小鸡、过家家等。

民间竞技随着历史的发展，目的、形式和内容已经发生了很大的变化。古代的竞技活动经常与生产活动、军事战斗融为一体，现已成为人们日常健身、娱乐的民俗体育活动。由于自然条件、人文历史条件的差异，山西不同区域的竞技活动各不同。晋北区域是农耕与游牧民族融合区，竞技活动表现为尚武，是在生存、战争需要的基础上产生的，主要有摔跤、鞭杆、骑射等；晋中区域是农耕与晋商融合区，受晋商文化环境影响，武术活动发展突出，拳种逾百个，且自成体系，主要有形意拳、傅山拳、弓力拳、战功拳、通背拳等；晋南区域是传统农耕区，农耕文明发达，竞技活动以农业活动为基础的岁时节令性赛事为主，主要有跑鼓车、尧造围棋、河东风筝、动物棋等。但有些民间竞技活动，如鞭杆，在山西分布广泛，从南到北都有分布。

襄汾尉村跑鼓车是一项比赛耐力、勇气的群体竞技活动。跑鼓车始于春秋时期，由擂鼓进军的军事演练逐渐演变成一项赛事，成为中国绝无仅有的跑鼓车文化。尉村跑鼓车比赛方法有两种，一种是分区计时，另一种是追逐超越。参赛各队或各村挑选身体强壮的青年男子进行拉车赛跑。尉村跑鼓车已经成为一种独特的民俗活动。

七月十五原平庙会挠羊赛是忻州地区的一项传统竞技活动，这是一种以一只活羊作为奖品的摔跤比赛。“挠”在此解

形意拳传承人宋光华和他的弟子们

释为“扛”，“挠羊”就是“扛羊”，“挠羊赛”就是赢或者输羊的比赛。

独辕四景车赛会是平顺县城西北社乡每年农历三月在九天圣母庙庙会中举办的一项传统民俗活动。

民间社火，俗称闹红火，是春节期间民间的主要娱乐活动形式。传统农业社会中，人们一年四季辛苦劳作，四处奔忙，很少有时间和精力进行游艺活动，传统古庙会是人们放松身心，娱神娱己的场合，传统游艺活动也就多凭借古庙会这样的舞台开展。

山西是民间社火的代表地区之一，全省有两百多种社火，内容丰富，形式多样，地域差异显著。按表演形式主要分为文社火和武社火两种；按表演内容主要分锣鼓类、车船轿类、秧歌类、灯火类、阁跷类、武技类、模拟鬼神类、模拟禽兽类等。武社火是展示武术技艺的民间传统竞技表演形式，“艺中有技，技中有艺”，以晋北、晋中地区最具特色，主要有上阳花社火、宇文武社火、二鬼摔跤、风火流星、霸王鞭等。文社火主要以表演为主，人们扮演不同的角色，演绎各种故事。晋南地区的锣鼓类、阁跷类最为出名，如威风锣鼓、花鼓、天塔

洪洞三月三庙会

社火表演

狮舞、走兽高跷、中黄高台等。除了晋北、晋中和晋南地区，晋东南和晋西的民间社火同样与众不同。晋东南，古称“上党地区”，这里的社火以原生态和神崇拜为特色，如潞城民间赛社、独辕四景车赛会。晋西，主要指吕梁地区，这里的社火具有浓郁的道教文化色彩，代表性的社火活动有盘子会、伞头秧歌等。

民间语言文学

所谓“水性使人通，山性使人塞；水势使人合，山势使人离”，山西多山的自然环境导致的交通不便阻碍了人们的社会交往，使得山西方言成为中华民族语言中复杂，有特色，且丰富多彩的一支语系。此外，山西方言的形成与秦统一、唐和五代分裂割据、胡汉民族融合、明代几次大移民和清代晋商足迹遍天下都有一定的联系。

从北到南，山西方言大体可分为雁北方言、忻州方言、晋中方言、晋西方言、晋东南方言和晋南方言六大语支。这六大语支虽然同属于汉语方言北方话，但是具体到每个县，都有或多或少的差异。山西在一个不大的范围之内就有几种方言同时存在，雁北与晋南地区之间的语言差别之大，几乎是截然不同。不仅地区之间，县与县之间，甚至一座山、一条河的两岸，人们的语言、风俗都有很大的不同。如晋东南与晋南相邻的沁水县，城关以西的沁水人说的是中原官话，城关以东的沁水人说的是晋东南话。

山西方言是北方方言中唯一保留了入声的方言，而且山西方言中继承了许多古汉语的词汇。山西方言是最接近文言的方言。

晋语与山西方言是两个概念，是两个既有交叉又有不同的圆。除了晋南以外，其他山西各县以及和山西毗邻的河南北部、河北西部、内蒙古南部、陕北都属晋语系，晋语是一个方言分区。晋南话没有入声，只能列入中原官话。晋南有这样一个顺口溜，有一个人，“喝着水（fǔ），靠着树（fù），吃着红薯（fǔ），看着书（fū），你说他舒服（fūfū）不舒服（fūfū）”。而山西方言除了南部27个县（市）属中原官话，北部广灵属冀鲁官话外，都属晋语区。

雁北方言，以大同为主，包括大同市区、大同县、天镇、阳高、左云、右玉、山阴、怀仁等区域。雁北方言属于大同包头片，与内蒙古地区与山西接壤区域的语言比较接近。

忻州方言属于晋语五台片，主要包括忻州、原平、五台、定襄、代县、河曲、宁武、五寨、神池、岢岚、保德、偏关、静乐等县（市），浑源和灵丘也被列入山西方言五台片。忻州方言受到晋中方言特别是太原方言的影响，在语音、词汇上都有自身的特色。

晋中方言包括太原、清徐、榆次、太谷、平遥、文水、交城等县（市、区）的方言。晋中方言是晋语的典型代表之一，其词汇系统具有十分显著的特色。此外，由于晋中商人走遍天下，晋中方言还受到外来词汇的影响，与普通话相比显得更加丰富多彩。

晋西方言也可称吕梁方言，由于受到吕梁山的阻隔，交通不便，吕梁方言受外来的影响较小，仍保留了较原始的语音。

晋东南方言，包括长治、晋城等地区的方言和土语，由于这一区域与河北、河南相邻，而且历史上从河北、河南逃荒到晋东南地区的人也很多，晋东南方言相比之下受河北话和河南话影响较多，一些语音与河北、河南话类似。

晋南方言主要指运城地区的方言，包括河津、垣曲、闻喜、芮城、临猗、绛县、永济、平陆等地的方言。由于这一区域与陕西关中地理位置接近，运城话基本接近陕西关中话。

由上可见，山西各地的方言受地理环境影响最大，山西虽然是表里山河，看起来地理环境比较封闭，但是文化上却没有与邻近地区完全割裂开来，山西省境与内蒙古、河北、河南、陕西接壤或隔河相望，在几省交界的地带，地缘上接近的地区，语音也相似或趋同。

最后，来一个山西方言六级考试，意马咯增、展展挂挂、圪丁歪快、骚罐、崩楼、可溜、摸滥分别指什么意思？意思为迷迷糊糊、穿着整齐、形容物体表面不平整、水桶、脑门、不直、步行。怎么样，感觉到山西方言的奇妙魅力了吗？

山西民俗文化资源的地位与价值

山西及周边省份民俗文化

在梳理中华文明数千年的发展进程中，我们清楚地发现，在目前行政区划内，包括山西、河南、陕西及河北四省的古代文化无疑占据了相当大的比重。其历史久远、底蕴深厚、脉络清晰、序列完整，是其他区域所无法比拟的。这四个省，从文化表现上看有十分相似或相近的地方。同时，在自然物候、文化构成、文化传承等方面又表现出各自不同的区域特色。一方面，是因为从上古文化圈的概念来看，它们同属于中原文化圈的范畴，故而其文化内涵和表现上就有相互类同或重叠的成分存在。另一方面，由于受自然地理等特殊条件的限制，它们在各自的发展过程中又衍生出与其他地方不同的区域文化特征，无论民族的，还是民俗的，可谓百花齐放，异彩纷呈。依据人与自然的客观发展规律，自然物候与人文环境直接决定和影响着一个地区的民风、民俗。总体上看，山西与周边省份既有相类似的地方，又有明显的不同。具体来说主要体现在地理风貌、历史文化背景以及民众生活方式等几个方面。

河南民俗文化特点

河南位于中国的中东部、黄河中下游，因其全省大部分地区位于黄河以南，故称河南。远古时期，这里河流纵横，森林茂密，野象众多，又被形象地描述为人牵象之地，故而又将河南形象地称为“豫”。其后，《尚书·禹贡》称，大禹划天下为九州，因河南所处的豫州位居九州之中，故又有中原、中州之称，河南也就简称为“豫”。

从地理与地质条件上看，河南的地质条件比较优越，地表形态复杂多样，山地、丘陵、平原、盆地等地貌类型齐全。地势总体上呈西高东低，西部海拔高，而且起伏变化较大，东部地势低平。境内山脉主要集中分布在豫西北、豫西和豫南地区，丘陵与山地相间分布。另一方面，河南平原广布，境内黄淮海平原面积广阔，土壤肥沃，是我国重要的农耕区。南阳盆地中部地势平坦，水热资源丰富，植物繁茂。多样的地貌特征为河南农、林、牧及工矿业的发展，提供了有利的条件。

从文化承续上看，河南是华夏文明的重要发祥地和发源地之一。从现有资料来看，大约50万年前，人类就在这里繁衍生息。到新石器时代早期，这里已经有了原始的农业、畜牧业和简单的手工业，距今七八千年前的新郑裴李岗文化就是这一时期文化的杰出代表，也是目前为止中原地区发现的最早的新石器时代文化。进入历史时期，中原地区的发展有过几次高潮。首先是夏商时期，这里文明高度发达，世界上较早的文字与历史文献——殷墟甲骨文，为人们开启了研究夏商时期的一

扇大门。其次是北朝至隋唐时期，随着洛阳政治地位的抬高，河南经济和文化迅速发展。其后，北宋践祚，建都开封，河南成为全国的政治、经济和文化中心，进入其历史发展的鼎盛期。可以说，在自夏而金的4000年间，就有10多个朝代、200多位帝王建都或迁都于河南。群雄“逐鹿中原”的相互征伐，客观上也说明了河南的重要地位。现今，中国的八大古都，河南占有其四。全省地下文物和馆藏文物均居全国首位。丰厚的历史文化底蕴使得这里成为全国重要的人文旅游胜地。尽管河南地处中原，是我国南北交通、西去东来的必经之地，也是文化融汇和向外发散的重要区域，但从根本上看，这里的

河南山陕甘会馆照壁

文明演进始终延循华夏文明的基调，文化成分仍以传统的华夏文化为主流，其文化构成并不复杂。而作为地域文化的重要组成部分，以河南为代表的民俗文化大致可以分为物质文化、社会文化和精神文化几个部分，涵盖了生产、生活、社会、信仰、艺术等诸多方面。其特点主要体现为民俗的生活世俗性、融合开放性和教育传承性。就生活世俗性来说，其与传统观念关系密切。比如对天地鬼神的敬畏、对和谐社会和美好生活的追求，以及对尊祖敬宗观念的承续等。这种对天地自然万物、祖先、英雄等的敬畏与膜拜，最终又转换成对现世社会和人的庇佑，并借助曲艺、雕刻、绘画等不同载体表现出来。融合与开放是文化发展的主旋律。文化的融合既包含不同文化之间的相互渗透与同化，又包含文化之间的主动吸纳与认同。河南特殊的地理位置和政治优势又使其成为文化的汇聚地和辐射地。因此，随着民族融合、人口流动和经济文化交流的不断加强，中原民俗文化在经过几千年的积淀和变革，对周边乃至

石狮子

全国都产生了广泛的影响。比如浙、闽等南方地区的许多婚丧礼俗至今仍保留有中原民俗的特点。同时，作为文化的一种形式，在漫长的历史进程中，民俗所体现出的渗透与本身具有的滞后性对人们的价值取向、心理塑性及道德标准等方面也相应地形成一种地域模式，并为后世所承袭。其所包含的文化信息又通过语言、戏曲、美术、社会礼仪、劳动技艺、信仰等展现出来。但不可否认的是，与传统优秀民俗文化并存的还有不少封建糟粕，如对鬼神的信仰就成为邪教思想萌发的温床，这也是全国范围内的一个共性问题。对这种文化现象，我们在坚决摒弃的同时，还要对其加以科学的分析，从根子上扫清认识障碍，营造积极向上的文化氛围。总而言之，河南作为中原文化的代表，在历史演进过程中，由其在历史上的特殊地位所形成的文化“正统化”“规范化”特征是毋庸置疑的。

历史上，河南长期是全国的政治、经济和文化的中心，民俗文化在此经过反复的吸纳、涤荡和融合，同时不断地向外辐射，并逐渐形成了一种以农耕为本的主流文化，这与周边山西、陕西、内蒙古及河北等地有着明显的区别。比如在河南婚丧嫁娶、祭祀礼仪等民俗民风中，传统文化展现得淋漓尽致。而无论河北、山西还是陕西，这些省份的民俗文化中，除了传统的文化基因外，同时还展现了北方游牧民族及外来文化的特点。

河北民俗文化特点

河北地处华北平原，东临渤海，内环京津，西界太行，北接燕山。河北简称“冀”，因其位于黄河以北，故名河北，是全国唯一兼有平原、草原、山地、湖泊和海滨的省份。春秋战国时期，这里地属燕国和赵国，所以也被称为“燕赵之地”，是中华文明的重要发源地之一，在中华文明的形成和发展中占有着重要的地位。自然和历史的双重因素使得这里的民俗文化无论是内容还是形式与种类，都具有十分明显的地方文化特征。河北的地方戏曲、民间曲艺、民间歌舞、乡村古乐、民间美术、特色工艺、沧州武术、吴桥杂技，在国内外都享有盛誉，仅被列入国家级非物质文化遗产名录的项目就近 150 种，位居国内前列。这也从一个侧面反映了河北民俗文化内容的丰富性和形式的多样性。这些民俗文化涉及民间的社会组织、语言文化、意识形态和社会习惯等诸多方面，成为河北区域文化的重要组成部分。其悠久的历史和多样的文化为促进中外文化交流、服务区域经济建设，发挥着重要的推动作用。

河北历史悠久，自西周时期就已经成为中国版图的一部分，“五胡”以及契丹都在这里有过割据称王的历史，金元明清各朝都把燕赵的腹地北京设为国都，形成了全国的政治与文化中心，更是各代皇族政权统治的核心，体现出河北在中华文

明进程中的地位。燕山南北、长城内外，自古以来就是北方民族同中原民族纷争交流的地带，不同的文化在这里汇聚，并在多个历史时期影响着周边尤其是华北平原的广大地区。

作为文化的重要分支，河北民俗文化有着深深的历史烙印，并在历史演进中随时代的发展而得以传承。其文化所透露出的既有它本身的民族性，又具有明显的区位性；既具有浓厚的历史韵味，又体现出了现代感的进步特色。比如，以吴桥为代表的杂技艺术，历史久远，当地战国时期的中山国成王墓青铜灯、晋代墓室壁画等就有杂技表演形象的出现。清末民初，吴桥杂技步入其发展的鼎盛阶段，而且在历经两千余年的发展后，其表现形式、内容等都在承续的基础上增添了诸多新的元素，适应了社会发展的需求，同时也影响着周边杂技艺术的发展，故而有“十方杂技九籍吴桥”的说法。但客观地讲，受地理条件的限制，尽管历史上河北的民俗文化植根燕赵故地，带有一个地方社会生活极强的个性，其影响远播太行以西的广大区域，但事实上对太行以东的影响是有限的。从这一点上看，河北民俗与山西民俗在文化成分上有类似的一面。

陕西民俗文化特点

陕西简称“陕”“秦”，又称“三秦”。位于中国内陆腹地，地处黄河中游，东邻山西、河南，西连宁夏、甘肃，南抵四川、重庆、湖北，北与内蒙古接壤，地跨黄河、长江两大水系。省内地势呈南北高、中间低，由高原、山地、平原和盆地等多种地貌构成，其中有40%的土地属于黄土高原，所以从地域环境与自然物候的角度看，陕西风土人情具有浓厚黄土风情的特色。

从历史的演进和人类文明进程上看，陕西作为中华文明和华夏文化的重要组成部分是毋庸置疑的。上古时期，禹划九

陕西凤翔泥塑

州，其中雍州、梁州就属于今天的陕西。“陕西”这个名称出现在西周初年。据《国语》记载，西周初年，周王朝以“陕原”（今河南陕县境内）为界。陕原以东称“陕东”，由周公管辖，与其相对的陕原以西则称“陕西”，由召公管辖。陕西之名由此而来。“陕西自古帝王都”，是我国历史上建都朝代最多和时代最长的省份，曾长期是中国的政治、经济和文化中心，从西周到唐代曾有 13 个王朝在这里建都，时间跨度长达 1100 多年。陕西在历史长河中不仅展现了朝代更替的变化历程，同时也孕育和创造了丰富深邃的物质文明和精神文明。这些丰富的文化遗存和深厚的文化积淀，形成了陕西独特的历史文化风貌，为人类文化和文明的传承做出了独特的贡献。

文化是文明的一种体现形式。陕西是秦国的故地，故而陕文化又被称为秦文化，在陕西这块黄土地上，由于气候、经济、文化等多方面原因的影响，陕西人在衣、食、住、行等方面，形成了一些独特的方式，尤其陕西关中一带的文化面貌和风土人情最具历史特色，与陕北、陕南都有明显的区别。“一方水土养一方人”，按民俗文化来看，陕西大致可分为三部分，即农牧文化交错的陕北区、关中文化区和接近川蜀的陕南文化区。这三个区域既有相同的地方，又有明显的差异。如陕北的豪放与粗犷，在那里可以看到雄壮恢宏的安塞腰鼓，听到粗犷阳刚的船工号子和悲壮的信天游。而关中精巧的剪纸、热闹的社火展现的则是一种传统与内敛。“面条像裤带、锅盔像锅盖、辣子是道菜、泡馍大碗卖、碗盆难分开、帕帕头上戴、房子半边盖、姑娘不对外、不坐蹲起来、唱戏吼起来”，著名的“关中十大怪”将关中风土人情展现得淋漓尽致。但到了陕南，更多体现出来的则是浓郁的巴山情歌和充满阴柔之美的巴蜀风情。尽管说在陕西，无论陕北、关中还是陕南，三个地区都有各自不同的文化特色，但总体上看，这些特色与陕西的地理坐标和地域环境都有着密不可分的关系，在文化构成与体现上都有相一致的地方。比如陕北的黄土高原，千沟万壑，连绵起伏，这种独特的生存空间和物候环境塑造了陕北人特有的心理个性和生活习俗，体现出的就是一种性格鲜明的高原文化，处处充满自然与原始之美，奔放豪迈，浑然天成。反映在文化渊源上就是艺术的原创度高，原始韵味浓厚。在这里，无论是信天游还是秦腔，无不体现出了这一特点。再比如，从语言的角度看，方言

木刻彩绘手工艺品

手工绘画：捉鬼图

是语言的活化石，陕西方言中至今仍保留着远古的腔调和称谓。比如在陕西，很多地方称同乡仍叫“乡党”，这一名称就与古代的户口编制有密不可分的关系。在《汉书》中就有“五家为邻，五邻为里，四里为族，五族为党，五党为州，五州为乡”的记载。由此可反映出陕西文化原始性的一面。

山西民俗文化与周边地区的异同

华夏文明贯通上下五千年历史长河。山西地处黄河流域与黄土高原地带，其东倚太行，西界黄河，北连长城、戈壁，南锁中原咽喉，境内山峦起伏，沟壑纵横，可谓凭山控水，据高负险，地形十分完固，因此，历史上这里就成为古代北方游牧民族南下中原的必争之地，故而《左传》中很早就称这里为“表里山河”。地理环境是人类生存发展的基础，是人类物质生命、精神生命的生成土壤，它虽不决定一切，但毫无疑问却直

陕西秦腔表演雕塑

接或间接地影响着生存于其间的人类所创造的文化。

山西是中华古文明在孕育和发展过程中历史最长、亮点最多的地区之一。在整个文明进程中，山西地域特色鲜明，历史文化脉络清晰，影响至深至远。尤其是其文化的完整性、先进性以及艺术性，对中华民族的民族精神、民族风俗和民族习惯的架构起到了重要的支撑作用，对华夏五千年文明史产生了巨大的辐射力、渗透力和影响力。作为中华文明的直根，山西在不同的历史阶段和不同区域，其文化特色也相当鲜明，文化形态极其完备。如先秦时期的“三晋革新”，南北朝时期（北朝）的民族融合，宋元时期的文采华章，明清时期的晋商巨擘以及

便捷实用的独轮车

近代的红色文化，等等，可以说，不同历史阶段都有相应的文化特征与时代相对应。漫长的历史运演在山西留下了大量可圈可点的文化印迹。民俗是文化的重要组成部分。山西丰富多彩的民俗文化是中国传统文化的重要组成部分，是一笔十分巨大而丰富的人文资源。文化是一个地区的灵魂，具有不可估量的潜力和价值。对一个国家和地区来说，其内在的软实力越来越重要，而历史文化作为山西软实力的一个基本方面，已逐步也必将成为其今后发展的核心竞争力。

崇尚节俭是中华民族的传统美德，这种美德植根于传统的农耕文明，而民俗的形成又是以此为基础。换言之，农耕文明对传统民俗的形成有着重要的支撑作用。历史上，山西以自给自足的小农经济为本，社会经济相对落后。而经济的发展又与当地的环境条件不无关系。从环境和自然物候的角度看，山西地处黄土高原，年降雨量偏少，境内多山地丘陵，土地贫瘠，交通闭塞，自然灾害频繁，历史上，仅明清两代就发生过数次大规模的旱灾和蝗灾。迫于生计，域内百姓不得不在艰难的生存环境中省吃俭用，久而久之就形成了勤俭持家的传统生活观念。另一方面，受地理环境的限制，山西还是一个交通闭塞的省份，很大程度上阻断了与外界的交流，限制了人们的脚步，束缚了人们的思维，久而久之形成了一种保守的社会意识。作为人类赖以生存和活动的舞台，尽管我们不能说环境决定一切，但地理环境很大程度上制约着一个民族或者一个区域民俗文化风俗习惯的形成。尤其在古代，山西这样一个四面环山、交通不便的自然环境使得山西与华北及中原以外的其他地区自然地有了沟通的屏障，形成了一种相对独立的存在状态。无交流势必就没有比较，就缺乏上进的动力，因此也就会

神龛

落后。但从另一个角度讲，这种相对孤立的存在状态又使山西在缓慢的发展过程中通过不断积淀，慢慢形成一种十分稳定且独具地方特色的民俗文化，如语言、饮食习惯、信仰等，正所谓“山重水复，交通不便，各重保守，各执成见，自成风气”。今天在山西，不仅地域之间，甚至相互毗邻的县与县之间，人们的语言风俗差别很大的现象很多。比如晋东南的黎城县，一个县内就有两三种口音，发音差别十分明显。同与其相邻的潞城相比，不仅语言发音不同，而且婚丧嫁娶等风俗习惯也有很大差别。类似这样的情况在山西比比皆是。所以说，过去这种较为落后的生产和经济模式，再加上封闭的自然环境，塑就了这一区域内民众聚财守本、勤俭持家、知足长乐和思想保守的处世理念，进而形成一种朴素的消费观和价值观。

山西在明清时期商业十分发达，缔造了晋商称雄商界500年的商业神话，晋商大贾层出不穷。商业发展所积累的巨大财富很大程度上改变了晋中、泽潞等一些区域人们生活方式及民俗民风的变化，“儒贾并重”“学而优则商”的社会现象似乎颠覆了世人对山西人价值观念的认知，但从大的时空观看，其骨子里固有的那种消费观和价值观却始终没有改变，而且也很难改变。因为这种封闭的环境限制了人们的视野，同时也钳制住了人们的思想。这种观念意识就像与生俱来的“天性”，一旦形成，在短期内很难被冲破，时时刻刻制约或影响着人们的行

平遥段村清代商业人家宅院

为举止，并形成一个相对稳定的文化圈。就像明清时期的山西商人，虽然腰缠万贯，富可敌国，但其精打细算的持家观念、勤劳坚韧的积极态度没有改变，尊宗敬祖、守土归安的乡谊情结没有改变。这一点和陕北、河北及河南部分地区较为相似。

同周边其他省份相比，包括民俗在内的山西区域文化还有一个明显的特点，那就是文化成分构成较其他省份相对复杂，不仅有像陕西关中、中原河南等传统性的一面，更多的则是像河北民俗文化中所包含的北方游牧文化的东西，而且文化表现出的民族融合性要远远高于河北地区。山西是中土农耕文明和

雁门关

北方游牧文明冲突与融合的前沿，也是古代北方游牧民族南下中原的咽喉要道。历史上，山西作为古代中土汉民族政权抵御北方游牧民族的桥头堡，其“襟四塞，控五原”，军事地位十分重要，为历代兵家必争之地，故有“天下形势，必取于山西”之说。从一定意义上讲，山西是多民族文化的熔炉确实不为过。今天，行走山西，无论古建壁画、彩塑雕刻，还是戏曲艺术、风土人情，抑或地名俗语、文物珍藏等，都不同程度地展现出多民族文化融合的特征。像大同云冈的石窟寺艺术、上下华严寺、应县木塔等辽代建筑等都是汉文化与北方游牧文化融合的结晶。从民俗文化的角度出发，晋北的大同、朔州、偏关等地，民风彪悍，自古就有尚武的习俗，固有“自古言勇侠者，皆推幽并”之说。再比如服饰打扮，在20世纪三四十年代，山西有些地方仍有类似西域人“左衽”的穿衣习惯，这显然是受北方民族的影响。另外，还有像忻州的挠羊赛、岚县的打簇戏等，都是北方游牧民族文化的展现。

山西民俗资源的价值

有利于文化自信的重塑

俗话说“一方水土养一方人”，不同的地域、不同的民族有着各自不同的文化构成。在漫长的历史和文明发展演进过程中，民俗作为一种相对独特的文化形式，或多或少地反映了一个区域的历史，影影绰绰地显现出历史的影子，成为我们探究历史真相，还原不同历史时期社会面貌不可或缺的宝贵资料。

民俗，简单地说就是民间风俗，是由广大民众所创造、发展并世代传承的一种文化存在，是我们生活中最贴近身心的一种文化，它源于生活，也时时影响着人们生活的各个方面。从民俗的构成上看，民俗涉及的内容很多，就当前而言，民俗涉及生产技艺、生活民俗、岁时节日、人生礼仪、游艺民俗、语言文学、民间信仰、民间禁忌等，既有物质的，又有精神的；既有微观的，又有宏观的；既有具体的，又有抽象的。作为研

究民俗的一个学科分支，民俗学产生至今已有120多年的历史，其通过对历史与现有的民俗进行调查整理和论证分析，揭示其发生、发展、传承、演变、消亡的规律，帮助人们认识历史与文化，传承优秀传统文化，并为现实社会生活提供价值参考，研究的内容十分广泛。一定意义上讲，在漫长的历史演进中，民俗不仅塑造了不同区域的品格特征，而且增强了文化认同。像山西这样一个区位特征相对明显、自然和人文环境相当独特的地方来讲，民俗一旦形成，就使本区域内人们的行为、语言和心理等打上醒目的标签，并随着历史的更迭和社会的不断演进呈现出极强的传承性和包容性特征，在“规范”人们言行举止的同时，裹挟着社会踽踽前行。

山西是个文化大省，历史文化十分发达。上自石器时代，下迄明清，在整个中华文明的发展进程中，山西在不同时期都扮演了重要的角色，所以山西有“中华文明的直根”“中国法制思想的策源地”“民族融合的大熔炉”“东方古建艺术的博物馆”等称谓，这些美誉无不彰显了山西在中国文明演进中的作用、地位和价值。相应地，这种厚重文化根基也为山西民俗的形成提供了充足的文化土壤，成就了山西民俗文化深邃、古朴厚重、包容开放的价值特征，并通过人文教化和群体传承得以展现。而这种教化与一般意义上的教育在形式上、渠道上和空间上又有着明显的不同，存在并影响着人们生活的各个领域。

栩栩如生的面塑

从资源构成上看，山西的民俗资源极其丰富，主要包括饮食、语言、岁时节日、生产生活、信仰民俗、民间禁忌等多个方面，五千年的历史积淀赋予山西民俗鲜明的区域性、多样性等特点。譬如山西的饮食就有着厚重的黄土气息和传统的生活特色。历史上山西是中国农业起源中心区域之一，特殊的自然物候成就了这里食料种类齐全、质地优良的特征，像晋南的小麦，晋东南的小米，晋西北的莜麦、荞麦、豆类等全国知名。这些优良的食材在不同的场合，通过不同的烹饪方式变成了山西独具特色的美食。尤其是每逢岁时佳节或婚丧嫁娶的特殊日子，同样的食材在山西巧厨的手里则会变成一件件精巧的餐桌艺术品。像晋南闻喜的花馍、晋东南流水席、大同的火锅、晋中的“寒燕”等就很具有代表性，间接体现了山西人的智慧、勤劳与德孝。

衣食住行是人类生存的基本要素。和饮食文化相比，山西不仅古建筑全国无法比肩，而且民居别具特色。在山西，既有典型的黄土窑洞，也有传统文化气息浓厚的民居建筑，可以说

古今中外、亭台楼榭等各种建筑式样在山西都能找到实物。以山西的窑洞为例，它是山西最具地方特色的一种建筑形式，它源于自然，融于自然，是“天人合一”的成功范例。山西的窑洞主要分布在吕梁、晋中、晋南及晋东南一带，在形式多样的窑洞建筑中尤其值得关注的是土窑洞，其发端较早、形式完备，具有很好的延续性，且完全体现了黄河流域及黄土高原的地域特征。它开创了中国传统建筑中的“黄土文化”，在中国建筑史上占有重要的地位。当今，虽说随着社会文明程度的加快，不同形式的建筑相继产生，但黄土窑洞却并未因此而消失，表现出其顽强的生命力。和原始韵味浓厚的窑洞相比，大院民居是山西另一种别具一格的建筑形式，现存山西大院建筑多为明清商贾的居所，这些规模宏大的晋商大院建筑既有北方粗犷厚实的雄浑，也不乏南方雕梁画栋、造型优雅之精美；不仅反映了明清时期晋商雄厚的经济实力，而且也展现了建筑与传统文化的深度融合。

黎侯虎

除此以外，山西的刺绣、剪纸、面塑、文学、戏曲、民歌等类型诸多的民间艺术也因独特的地域特征而享誉全国，反映出山西的风土人情和独特的艺术风格。比如刀笔遒劲的晋南剪纸，不仅手法娴熟，而且意蕴凝重。相比较而言，大同雁北一带的剪纸则以色彩艳丽为表现手法，既有中原之含蓄，兼具塞外之野趣，反映了不同地区文化的交流与融合。今天，像黎城的黎侯虎、河曲和左权民歌都已成为宣传山西、弘扬山西乡土文化的亮丽名片。

有助于价值取向的育导

民俗文化是传统文化的重要组成部分，如何深入挖掘地方特色民俗文化对于传承和合理利用地方传统文化、提升文化自信具有重要作用，民俗文化的教育和传承今天业已成为全社会高度关注的大事，一定意义上讲，直接关乎全社会文化认同感的确认和文化自信心的树立。山西因其特殊的地理位置和区位优势，使得地方民俗具备丰富的文化内涵，是传统文化教育、开发和利用难得的宝贵资源。而且不同的民俗文化都是一种活化的历史文化资源，具有十分广泛的百姓生活基础，虽历经千百年岁月的洗礼，但仍具有强大的生命力，这也直接体现了这一文化的价值所在。比如以祭祀为主要表现形式的尊宗敬祖活动，在山西以洪洞大槐树祭祖为代表，“根祖”文化纪念最具有影响力。近年来，当地每年清明节都会举办盛大的祭祖活动，通过实地展示和亲身感受，让心灵回归，并借以向民众普及“慎终追远、明德归厚”的传统美德教育。同样，在山西还

有以弘扬“信义”为本的运城解州关公祭祀活动，有宣扬介休绵山介子推“恩义并举”的寒食节纪念活动等。诸如此类的优秀民俗文化活动所蕴含的传统美德观念，对于培育国人的爱国热情、凝心聚力都有其他教育方式所无法比拟的优势。而且这些道德情操、价值观念、审美情趣和哲学理念也是对当前课堂式传统文化教育的有效补充。

教育是文化传播的主要手段，传承是文化认同和文化自信的固有表现，只有将优秀文化代代传承下去，才能做到培根铸魂，源远流长。民俗文化源于民间民众的生产生活实践，和人们的生活息息相关，是人们认识世界和改造世界最直接和最有效的工具，对社会的发展起着重要的推动作用。中国传统民族文

洪洞大槐树寻根祭祖大典

解州关帝庙

化融合的基本前提就是对民俗文化层面的接纳。因为民俗文化本身具有稳定性和规范性的特点。比如说，虽然中国几千年来的传统生产关系早已被打破，但传统的民俗习惯却表现出明显的稳定性，而且世代传习，尽管其中也有变更或消亡，但传承始终占据主要地位，并且许多约定俗成的“习惯规范”对民众的心理和行为一定程度上形成约束性，而且在发展过程中逐渐固化成一种观念和模式化的行为规范。比如生产生活中许多的民间禁忌就是最直接的体现。随着社会的发展变化，民俗文化展现出与时代精神相符合的文化特质正是民俗文化传承性的具体体现。

民俗文化的繁荣和发展有利于社会情感的交流，增强社会凝聚力。民俗在一定程度上是社会的一面“镜子”，是社情民

意和人间百态的直接反映，深度展现了民间对社会的态度和评价。汉代《毛诗序》中所说“风以动之，教以化之”就强调了“风”和“化”在社会教化过程中的重要作用。尤其是民俗文化中所蕴含的伦理道德和价值观念，在日常生活中会潜移默化地影响人的思想观念和行为方式，并通过文学、语言、音乐、绘画、雕刻等不同表现方式聚合成直接或间接引领社会风尚、改造社会现实的重要手段。这些蕴含着不同的、零散的民俗社会事务和行为举措又会使人们在不经意间就从思想与情感上产生共鸣，从而带动起整个社会的民众情绪，并反作用于整个社会。站在社会发展的角度看，作为社会构成的最基本单位，个人的道德素养不仅与其家庭环境熏陶有着重要的关系，而且还与其生活的大环境密不可分，尤其是社会环境，对一个人的性格塑造在一定程度上大于家庭教育，这个成长过程会通过人与社会群体的交往中慢慢积淀而体现出来，最终形成相对固定的行为模式和价值取向，并惯性地影响和指导其后天的思维方式和“行为规范”。像山西许多的民间小戏、民歌、手工制作，甚至更为朴素的童谣等，这些相比较阳春白雪更接地气的文化体裁，就是一些最原始、最基本的育人工具，其中蕴含的伦理道德、真情实感以及规劝讽谏的思想，就是社会给予我们最好、最具有教化价值的东西，对于个体的德、智、美等方面的塑造和表达以及人际交往等方面发挥着不可替代的育导作用。

从发展文化的长远着眼，深入发掘整理山西的民俗文化，尤其是别具特色的地方乡土民俗，不但是对区域文化及历史的尊重弘扬，更是对净化心灵、回归自然，体现人与社会和谐共处的积极回应。一定程度上有助于培养爱家、爱国的家国情怀和民族自豪感，增强民族凝聚力、文化认同感和文化自信心。

有益于传统教育的补充

将民俗这一概念上升到文化的层面相对较晚，笼统地讲，就是社会风俗生活文化的总称。作为一种民间传承的文化，虽然它的主体内涵形成是历史性的，但它同时具有动态的特征，而且还有很强的延展性，始终影响着一个国家、民族或者一个地区民众的现实生活。民俗学家钟敬文先生认为，“民俗文化的范围，大体上包括存在于民间的物质文化、社会组织、意识形态和口头语言等各种社会习惯、风尚事务”。因此，如果宽泛地从存在的形态上看，民俗文化大致可以分为精神和物化两个层面，而精神层面的东西又以物质形态的民俗文化为载体。所以探究民俗的教育和传承，很大程度上还要依靠对物质形态民俗文化的发掘。

民俗文化是传统文化的重要组成部分，是各民族人民共同智慧的结晶，也是社会文明进步不竭的动力源泉。作为一种群体文化，民俗具有明显的生活化特征，与传统的文化教育相

比，其主要通过人们日常交往活动中的语言行为体现出来。日常生活中，优秀的民俗文化能够在提升和补充人的知识积累的同时，起到净化心灵、规范举止和促进人与社会和谐的作用。不可否认的是，随着现代社会的快速发展，尤其是新传媒的不断推广与普及，对传统文化造成很大的冲击，许多传统文化赖以生存的环境遭到了不同程度的破坏，急功近利的“快餐文化”充斥并干扰着人们的思维与价值取向，传统的主流价值观逐渐被弱化并淡出人们的视野，民俗文化的传承体系不断受到冲击并被进一步边缘化。这一现象在当前学校教育模式中表现得更为突出。虽然说传统教育是文化发展和传承的主流，但社会交流与传播更是文化本源，社会教育与熏陶的缺失将会导致文化的生存和传承失去土壤。长期以来，我国的传统教育尤其是中小学在课程开发与实施过程过多地强调科学和理性，课程在内容设置、架构上目的性、针对性很强，而传统文化的文化学习则旁落成一种附庸，有的地方教育理念和教育方式甚至趋向一种急功近利的畸形的应试化发展模式，不同文化教育背景所应有的差异性得不到任何体现，长此以往，原本不同地域间那种多彩多姿传统民俗文化的没落与消亡势必成为必然。因此，加强民俗文化教育在学校教学过程中的比重便成为弥补现代教育中“人文教育”缺失的重要环节，这也是继承和发展传统民俗文化的必要手段之一。通过践行学校与社会教育相结合的方式，在普及传统文化知识的同时，植入民俗文化，寓教于乐，不仅有利于推动文化发展模式的创新，同时也可在“双教合一”的教育模式中探讨并孕育新的文化成果，使民俗文化能够真正服务于社会，从而推动社会文明的进步与发展。另外，从民俗文化本身的特点看，这种文化形式多样、雅俗共赏，在日常生活和学习过程中，很容易被接受并抽象内化成为一种灵动的人文信息，植根于人的内心。

山西物质形态的民俗文化载体多样，如建筑、壁画、雕塑以及民间手工艺品等应有尽有，具有民族性、地域性、传承性等多种特点。尤其它的物质实体性非常直观，可操作性强，有助于提高学习者的动手操作能力。但这些文化瑰宝大多尚处于一种“休眠状态”，其价值的体现充其量局限于研究领域，其社会价值与功能的发掘、开发和利用仍停留在探索阶段。常言道“十年树木，百年树人”，文化的发展也具有厚积薄发的特点，因此大力推广和普及民俗文化教育就必须从小抓起。学校通过开展物质民俗文化的教育认知，一定程度上能够使学生从小获得艺术的熏陶，提高其审美与鉴赏能力，强化传承与保护民俗文化的意识，进而推动文化产业的发展，促进民俗艺术在当代的传承。当前，山西左权的小花戏在学校教学中的利用就是民俗文化进学校、进课堂的成功案例，学校通过课间和活动课时间，积极开展小花戏的普及教育，不仅促进了学生的动手

左权小花戏艺术团

操作能力，增强了体质，而且学生在欣赏和学习过程中还获得美的体验，激发了学习欲望，最根本的是焕发了当地民俗文化的生机，使当地区域特色文化的传承得到了保障。类似这样的实践还有山西乡宁的动物棋等，因此，实践证明，充分认识、发掘和利用好山西现有的物质形态的民俗文化是可行的，其操作和利用的空间很大。通过学校教学与社会教育相结合，合理开发和利用山西的特色民俗不仅能够使学习者获得身心愉悦的享受，还能够进一步提升学习者鉴赏美、创造美的能力，从而为繁荣和发展区域民俗文化奠定扎实的根基。

山西民俗文化的发展现状与前瞻

近年来，随着东西方文化的不断交流和发展，国内许多文化学者开始学习和借鉴西方的研究成果和研究方法来研究中国的本土文化，从而忽略了对自身文化研究方法的整合与创新，或者说缺乏对“西学”的改造，研究方法走向了两个极端，致使许多优秀传统文化在研究和传承上失去了助推力。在我国，民俗研究发展相对较晚，过去对于民俗的探讨往往是借助于历史学和社会学的方法，很大程度上人为地将民俗文化这样一个整体割裂得支离破碎，导致很多研究领域无法深入，许多文化面貌无法整体呈现。正如高丙中先生所说：“由于历史学、民族学、社会学等也一步步介入到民俗学的对象中来，而民俗学又一直未建立自己的理论体系，所以有越来越多的人认为民俗学没有自己独立而完整的对象，因而也就不具有独立学科的地位。”因此，要想充分挖掘好、利用好我们优秀的传统民俗文化，就必须客观认识民俗文化的内涵，结合不同地域的文化特征，用科学的、行之有效的方法去研究并加以利用。

山西民俗旅游资源丰富，地域特色鲜明，然而到目前为止，其真正的历史和文化价值却没有得到很好的挖掘和体现。其原因突出表现在以下几个方面：其一，是对民俗文化这一概念缺乏整体的认知。比如，在对某一地域民俗文化的开发上，开发者往往受物质利益和功利思想的驱使，在缺乏价值评价和长远规划的情况下，摒弃理性，盲目开发当地的传统民族文化资源，有的为片面追求“求异出新”，生搬硬套一些本来不适

合当地的开发模式。更有甚者，为了迎合旅游者的不同心理，生拉硬拽地拼合一些不和谐的东西，表面上红红火火，其实是误导消费，贻笑大方。结果是非但多彩的民俗文化没有得到开发，反倒将原本完好的民俗生态破坏殆尽。这种不加科学论证的盲从违背了民间传统文化遗产的保护原则，也反映了人们轻浮躁动的不理性思维。其二，是开发粗放，片面求全、求大，缺乏一定深度。民俗旅游更多是文化旅游，因此要想保持长久的生命力，关键在于挖掘其背后深厚的文化内涵。山西民俗旅游资源分布在全省各地，且各具特色，但到目前为止，从民俗文化旅游的角度看，得到有效开发的也仅仅局限于晋中、晋东南以及吕梁的几处晋商宅院和民居，而且开发内容也大多停留在包括建筑、陈设等有限范围，其历史和文化价值内涵并没有得到深度挖掘，地方特色没有得到有效展现，因而也就不可能给人们留下深刻的印象。比如晋中榆次的后沟古村，从聚落和居住形态的角度看，在当前山西就非常具有代表性，这里的窑洞形式多样，保存相当完整，具有明显的开发优势，但自从对外开放以来，来过此地的人，大多数的印象就是感觉和别的地方不一样，有原始的生活韵味，至于人们为什么会修建窑洞作为自己的栖身之所，了解者甚少，更不用说对建筑的渊源、建筑特点、建筑方法甚至于对黄土的认知了。从文化传承的角度看，其中还有很多值得深挖的东西。因此，尽管山西很多地方为了发展当地民俗文化，投入了大量的人力、物力，收效却不尽如人意。当然这其中有很多的客观原因，但很大程度上就在于特色深度挖掘不够、体现形式和手段缺乏多样性，以及民俗展现角度陈旧，这样的结果就是“你有我有全都有”的遍地开花模式；还有就是宣传理念、宣传渠道不到位。从民俗本身的特点看，民俗是一个群体概念，单一依靠现代的广告宣传似乎已经不能满足民俗文化向纵深发展的需要。要想把真正独特的地方民俗韵味展现给世人，让人们能从中体味到、感受到民俗的韵味和价值，就必须革新既有的观念，创新宣传的思路与手段。比如山西孝义的皮影、广灵的剪纸等手工艺民俗，在人们的脑子里就是一个简单的手艺活儿，其历史渊源、工艺特点人们了解得不多，尤其作为当地百姓，自身都没有充分认识到这些资源价值的可开发性，更谈不上主动去传承了。加上旅游从业人员文化水平参差不齐、服务意识差等，这些都严重影响了民俗旅游资源的开发利用。山西的民俗文化发展任重而道远。

山西是中华文明的直根，深厚的历史文化底蕴赋予了山西民俗文化独特性、多样性、完整性等区域特点。山西文化的全面突围与发展离不开民俗文化的开发和利用。民俗是一种独特的历史记忆，是一种流动的活文化。但当前客观上受现代社会和文化的冲击，传统民俗文化的生存空间被挤压得愈来愈狭小，许多优秀的民俗文化正面临被同化并逐渐消失的境地，这对民俗旅游资源的保护和民俗文化的传承构成严重影响。如何让山西优秀的民俗文化得到很好的展现并代代传承下去，进一步提升山西文化的影响力和自信度是我们当前亟待解决的一个问题。从旅游文化资源上看，山西的人文旅游资源受地理和气候影响相对较小，尤其是民俗文化开发和利用的空间还很大，我们能做的工作还很多，关键是要有思路、有举措，同时还要有制度。这就要求我们在开发上首先是要有对文化高度负责的态度，厘清发展思路，结合当地实际情况，因地制宜，科学开发，精准投入，深入挖掘本地区的民俗特色资源，让文化自身说话，焕发文化本身的生命力。

其次要注重客观，实事求是，以保护为基础，突出当地民俗文化的特色和亮点。抓特色就要避免面面俱到。民俗源于生活，朴实无华，但正是这种自然与朴实蕴含着一个地方文化生活的方方面面，也反映了自身独特的生存环境。我们不能为了追求片面的经济效益而人为地割裂和破坏一个有机的文化链条，人为地嫁接一些不和谐的文化因素，致使特有的民俗文化生态被破坏。同时，我们要尽可能根据民俗本身的群体特点，让人们积极参加和体验民俗活动，感受浓郁的人情味和乡土气息，从内心激发和带动人们保护传统民俗文化的热情。

附　录

山西省国家级非物质文化遗产一览表

序号	项目类别	项目名称	项目保护地区或单位
1	民间文学	董永传说	万荣县文化馆
2		杨家将说唱	山西大学戏剧影视研究中心
3		尧的传说	绛县文化馆
4		牛郎织女的传说	和顺县文化艺术中心
5		万荣笑话	万荣县笑话研究会
6		赵氏孤儿传说	盂县
7		白马拖缰传说	晋城市城区
8		舜的传说	沁水县
9		烂柯山的传说	陵川县
10		广禅侯故事	阳城县
11	传统音乐	左权开花调	左权县文化艺术中心
12		河曲民歌	河曲县文化体育发展中心
13		唢呐艺术	阳高县杨家堡村滑家鼓乐班、忻州市忻府区文化馆、壶关县牛府鼓乐班社、临县
14		上党八音会	长子县文化馆、晋城市群众艺术馆

续表

序号	项目类别	项目名称	项目保护地区或单位
15	传统音乐	晋南威风锣鼓	临汾市群众艺术馆
16		绛州鼓乐	山西省绛州鼓乐艺术团
17		文水鈲子	文水县岳村村委会
18		五台山佛乐	山西省五台山宗教文物管理局
19		锣鼓艺术	太原市群众艺术馆、原平市、万荣县
20		楞严寺寺庙音乐	左云县
21		恒山道乐	阳高县上梁源村恒山道乐班
22		唢呐艺术（五台八大套）	五台县
23	传统舞蹈	临县伞头秧歌	临县伞头秧歌艺术协会
24		原平凤秧歌	原平市文化馆
25		汾阳地秧歌	汾阳市文化馆
26		天塔狮舞	襄汾县文化馆
27		寿阳爱社	寿阳县文化馆
28		高跷走兽	稷山县文化馆
29		翼城花鼓	翼城县文化馆
30		平定武迓鼓	平定县文化馆
31		万荣花鼓	万荣县

续表

序号	项目类别	项目名称	项目保护地区或单位
32	传统舞蹈	土沃老花鼓	沁水县
33		稷山高台花鼓	稷山县
34		麒麟采八宝	侯马市
35		左权小花戏	左权县
36		翼城浑身板	翼城县
37	传统戏剧	晋剧	山西省晋剧院、太原市实验晋剧院、晋中市
38		蒲州梆子	临汾市蒲剧院、运城市蒲剧院
39		北路梆子	忻州市北路梆子剧院、大同市北路梆子剧院
40		上党梆子	晋城市上党梆子剧院、长治市上党梆子剧院
41		雁北耍孩儿	大同市耍孩儿剧团
42		灵丘罗罗腔	灵丘县罗罗腔剧团
43		碗碗腔	孝义市碗碗腔剧团、曲沃县
44		秧歌戏	繁峙县文化馆、祁县文化馆、太谷区文化艺术中心、朔州市朔城区大秧歌剧团、襄垣县文化馆、武乡县文化馆、壶关县人民艺术剧团、泽州县、沁源县

续表

序号	项目类别	项目名称	项目保护地区或单位
45	传统戏剧	道情戏	右玉县道情剧团、临县道情剧团、洪洞县文化馆、神池县
46		二人台	河曲县文化体育发展中心
47		锣鼓杂戏	临猗县文化馆
48		任庄扇鼓傩戏	曲沃县
49		孝义皮影戏	孝义市文化馆
50		孝义木偶戏	孝义市传统文化研究会
51		赛戏	朔州市朔城区民间文化艺术团
52		上党落子	潞城市文化局、黎城县人民文化馆
53		眉户	临猗县眉户剧团、临汾市
54		上党二簧	晋城市城区
55		线腔	芮城县
56	曲艺	潞安大鼓	长治县文化中心
57		襄垣鼓书	襄垣县文化馆
58		沁州三弦书	沁县文化馆
59		莲花落	太原市
60		长子鼓书	长子县

续表

序号	项目类别	项目名称	项目保护地区或单位
61	曲艺	翼城琴书	翼城县
62		曲沃琴书	曲沃县
63		泽州四弦书	泽州县
64		离石弹唱	离石区
65		屯留道情	长治市屯留区
66		陵川钢板书	陵川县
67	传统体育、游艺与杂技	形意拳	太谷区
68		心意拳	晋中市心意拳协会、祁县
69		挠羊赛	忻州市摔跤俱乐部
70		风火流星	太原市晋阳风火流星民间艺术工作室
71		通背缠拳	洪洞县
72	传统美术	剪纸	中阳县文化馆、广灵县剪纸文化艺术工作者协会、静乐县、太原市
73		山西民居砖雕	清徐窑王堡窑砖雕厂
74		面花	阳城县文化馆、定襄县文化中心、闻喜县人民文化馆、新绛县文化馆、岚县
75		永乐桃木雕刻	芮城县

续表

序号	项目类别	项目名称	项目保护地区或单位
76	传统美术	平阳木版年画	临汾市平阳木版年画博物馆
77		堆锦	长治市群众艺术馆、长治市堆锦研究所
78		高平绣活	高平市文化馆
79		黎侯虎	黎城县人民文化馆
80		炕围画	襄垣县文化馆
81		平遥纱阁戏人	平遥县
82		清徐彩门楼	清徐县
83	传统技艺	阳城生铁冶铸技艺	阳城县人民政府
84		晋作家具制作技艺	临汾市
85		平遥推光漆器髹饰技艺	平遥县文化艺术中心
86		杏花村汾酒酿制技艺	山西杏花村汾酒集团有限责任公司
87		老陈醋酿制技艺	山西水塔老陈醋股份有限公司、山西省老陈醋集团有限公司、襄汾县
88		平阳麻笺制作技艺	襄汾县
89		琉璃烧制技艺	阳城县、太原市、介休市、河津市

续表

序号	项目类别	项目名称	项目保护地区或单位
90	传统技艺	平定砂器制作技艺	平定县
91		平定黑釉刻花陶瓷制作技艺	平定县
92		潞绸织造技艺	高平市
93		滩羊皮鞣制工艺	交城县人民文化馆
94		金银细工制作技艺	稷山县
95		长子响铜乐器制作技艺	长子县西南呈玖兴炉响铜乐器厂
96		漆器髹饰技艺	新绛县、稷山县
97		澄泥砚制作技艺	新绛县绛州澄泥砚研制所
98		梨花春白酒传统酿制造技艺	山西梨花春酿酒集团有限公司
99		传统面食制作技艺	山西省全晋会馆、山西省晋韵楼、稷山县
100		郭杜林晋式月饼制作技艺	山西省太原双合成食品有限公司
101		冠云平遥牛肉传统加工技艺	山西省冠云平遥牛肉集团有限公司
102		六味斋酱肉传统制作技艺	山西省太原六味斋实业有限公司

续表

序号	项目类别	项目名称	项目保护地区或单位
103	传统技艺	窑洞营造技艺	平陆县文化馆
104		雁门民居营造技艺	忻州市
105		大同铜器制作技艺	大同市城区
106		古建筑模型制作技艺	太原市
107		八义窑红绿彩瓷烧制技艺	长治市上党区
108		文水葫芦制作技艺	文水县
109		惠畅土布制作技艺	永济市
110		运城河东制盐技艺	运城市
111		太谷饼制作技艺	太谷区
112		朔州传统鎏金技艺	朔州市朔城区
113	传统医药	道虎壁王氏中医妇科	平遥县
114		中医传统制剂方法	太谷县传统医药研究会、太谷区、新绛县
115		武氏正骨疗法	高平市
116		药膳八珍汤	太原市傅山文化园
117		摸骨正脊术	灵石县

续表

序号	项目类别	项目名称	项目保护地区或单位
118	民俗	怀仁旺火习俗	怀仁县
119		介休寒食清明习俗	介休市
120		泽州中秋习俗	泽州县
121		皇城村重阳习俗	阳城县
122		社火	山西省潞城市民间赛社文化研究会
123		南庄无根架火	榆次区
124		柳林盘子会	柳林县文化馆
125		河曲河灯会	河曲县文化体育发展中心
126		庙会	太原市晋源区晋祠镇晋祠村委会、蒲县
127		关公信俗	运城市解州关帝庙文物保管所
128		抬阁	清徐县文化馆、万荣县西村乡西村村支村委、代县峨口挠阁保护研究会
129		祭祖习俗	洪洞县大槐树遗址文物管理所、沁水县
130		洪洞走亲习俗	洪洞县非物质文化遗产保护中心
131		孝义贾家庄婚俗	孝义市贾家庄村委

续表

序号	项目类别	项目名称	项目保护地区或单位
132	民俗	中和节	乡宁县
133		永济背冰	永济市
134		尉村跑鼓车	襄汾县
135		独辕四景车赛会	平顺县
136		娘子关跑马排春节习俗	平定县

参考文献

[汉]班固:《汉书》，中华书局，2007年。

陈高华、徐吉军主编，宋兆麟著:《中国风俗通史·原始社会卷》，上海文艺出版社，2001年。

杜学文主编:《三晋史话·综合卷》，三晋出版社、山西人民出版社，2016年。

冯天瑜、何晓明、周积明:《中华文化史》，上海人民出版社，2017年。

胡平生、张萌译注:《礼记》，中华书局，2017年。

江玢玲、张志立主编:《中国民俗文化大观》，吉林人民出版社，1999年。

山西省地图集编纂委员会编制:《山西省民俗地图集》，西安地图出版社，2015年。

谭其骧主编:《简明中国历史地图集》，中国地图出版社，1991年。

杨茂林等:《山西文明史》，商务印书馆，2015年。

《山西风物志》(中国风物志丛书)，山西教育出版社，1985年。

后　记

山西表里河山，历史悠久，民俗文化资源丰富多样，地域特色十分明显。开展对山西民俗的研究，是我们在前期《山西文明史》研究基础上对山西文明研究的进一步细化与深入，这对于加强民俗文化资源的保护与利用，重塑山西精神，坚定文化自信，助推文旅融合，都具有积极意义。

《民俗山西》（共十册）于 2016 年 5 月立项并正式启动，由杨茂林担任学术指导及主编，董永刚具体负责组织实施，韩雪娇配合。该书在撰写上主要以社科院历史所人员为主，同时吸收了经济所、社会学所、语言所、原晋商研究中心、《五台山研究》编辑部等多位同志参与。由于该书内容庞杂、覆盖面广，为了尽可能做到材料详尽、史料准确，在编写过程中，项目组多次组织作者们分赴晋西北、晋南和晋东南等多地展开调研，并积极调动各方社会资源为书稿的编写提供线索和材料，有效地保证了项目的进度和质量。到 2019 年 10 月，全套初稿基本完成，但囿于撰写时间较短和作者专业不同的限制，书稿在写作风格、行文笔触、史料选取、图片使用及篇幅大小上存在明显不一，与最初设计有一定距离。为此，在杨茂林的统一指导下，我们又用了一年多时间，几经易稿，每一册书较前期都有大幅度的改动。直到 2021 年 9 月，整套丛书的修改和配图才基本完成并启动出版流程。难度不谓不大！

作为一套图文并茂的文化普及类图书，无论文字还是图片要求，与普通出版物有很大区别，尤其在图片的搜集和使用上，其困难超出我们的想象。为了得到好的图片资源，山西省考古研究院刘岩副院长、洪洞县文物旅游局刘慧副局长、黎城县民间文艺家协会李建华主席、商务印书馆薛亚娟女士、山西人民出版社席青女士等给予了我们很大支持。该丛书出版前夕，山西省书画院韩少辉院长欣然为本书题写了书名，在此，我们表示衷心感谢！同时也向在编写过程中给我们提供指导和提出建议的社会各界朋友表示诚挚的谢意！由于民俗图片要求特殊，本书在图片搜集过程中，也针对性地选取了几张源于图书和网络的图片，但未能与作者取得联系，为此，我们向作者表示歉意！必要情况下可以和出版社或本书作者取得联系。

编写此类图书是我们的第一次尝试，尽管我们付出了很多努力，但总难免有欠妥与谬误之处，恳请广大读者朋友及专家、学者提出宝贵意见和建议，以便改进我们的工作！

《民俗山西》编写组

2022 年 1 月